Friedrich Schlichtegroll

Nekrolog auf das Jahr 1790-1795

Friedrich Schlichtegroll

Nekrolog auf das Jahr 1790-1795

ISBN/EAN: 9783744684385

Hergestellt in Europa, USA, Kanada, Australien, Japan

Cover: Foto ©ninafisch / pixelio.de

Weitere Bücher finden Sie auf www.hansebooks.com

Supplementband

zu

Schlichtegrolls

NEKROLOG

auf

die Jahre 1790 bis mit 1793,

oder

zu den erſten *acht* Bünden.

Zweyte und dritte Lieferung.

Ladenpreiſs 1 Thaler.

Nachricht.

Diese zweyte Lieferung, womit dieser Supplementband geschlossen ist, enthält:

I. Abtheilung. *Rückständige Biographien.*

5. Michaelis: Fortsetzung	pag.	189
6. Sillig		198
7. Weckhrlin		250
8. v. Tröltsch		266
9. Pisanski		278
10. Karschin		287
11. Bode		350
12. Schellhorn		418
13. G. v. d. Schulenburg		421
14. Christiani		435

II. Abtheilung. *Nachträge und Berichtigungen.*

5. Eschstruth: Fortsetzung	pag.	129
6. Schäffer		135
7. Hahn		144
8. Graf Brühl		144
9. Goetz		145
10. Mozart		159
11. Reifenstein		162
12. Hasenclever		165
13. Wittwer		169
14. Moritz		182

Nachſchrift   pag. 218

Innhalt   221

Regiſter   222

Corrigenda   237

Für diejenigen Liebhaber, die die erſte Lieferung dieſes Supplements noch
nicht haben broſchiren laſſen, oder wenn
dieſes auch ſchon geſchehen wäre, nun
doch gerne beyde Lieferungen in einen
Band broſchiren laſſen wollten, wird
hier noch ein zweyter Umſchlag beyge-
legt, der zu beyden Lieferungen zu-
reicht.

Zweyte Abtheilung,

enthaltend

Nachträge und Berichtigungen

zu den

erften vier Jahren des Nekrologs

1790, 91, 92 und 1793.

BASEDOW.

(S. Nekrol. 1790. II, 114. ff.)

Der Rector (ietzt Prediger) Meyer hat
ein ausführliches Work über Basedow ge-
schrieben: Joh. Bernh. Basedows Leben,
Charakter und Schriften unpartheyisch
dargestellt und benrtheilt etc. Zwey Theile.
Hamb. 791 und 92. 8. Die nach der Zeitfol-
ge abgefasste Lebensbeschreibung im zweyten Abschnitte ist eigentlich eine weitere,
erläuternde und berichtigende Ausführung
der Beyträge zur Lebensgeschichte
Basedows Magdeb. 791., folglich auch der
Lebensbeschreibung im Nekrolog auf das
J. 790. Bd. 2. S. 114. ff., die auf jene Beyträge gegründet ist, obgleich Hr. Meyer noch
einige Hoffnung zu einem besondern Commen-
tar über den Auffatz im Nekrolog macht (Th.
2. S. 159.), dem er Gerechtigkeit widerfah-

a 2   ren

ren läfst. Ein andrer Auffatz **Fragmente
über Bafedows Leben und Charak-
ter in der deutfchen** Mon. Schr. Dec. 790.
wird von M. im **erften** Abfchn. beleuchtet.
Der **dritte** und an Beyfpielen reichhaltigfte
Abfchn. ift überfchrieben : Meine gehabten
Erfahrungen und angeftellten Beobachtungen
über Bafedows Privatleben und feinen daraus
herzuleitenden Charaktér. Der **vierte** liefert ein räfonnirendes Verzeichnifs der 70
Schriften Bs nebft einer Anzeige der vor-
nehmften über und gegen ihn erfchienenen
Schriften. Der **fünfte** Abfchn. endlich begegnet einigen vorauszufehenden Fragen und
Einwendungen das Meyerfche Werk betreffend. Meyer war eine Zeitlang Bs Gehülfe
in Altona, beobachtete ihn fchon damals fehr
genau und fammelte Stoff zu einem Werke
über ihn, verlohr ihn auch in der Folge
nicht aus dem Auge, ob er gleich feiner
Schrift, worin er Bafedow'n fo ftrenge behandelt, wie kein anderer gethan hat, nur bis
auf den Zeitraum Vollftändigkeit geben konnte, wo B. feine letzte und merkwürdigfte
Laufbahn in Deffau antrat. — Aufser diefem
Hauptwerke findet man noch Nachrichten
über Bs Leben in: Leben und Charaktere be-
rühmter und edler im J. 90 verftorbener Männer S. 120—30.; im Archiv der Erziehungs-
kunde für Deutfchland, Bd. 1. S. 62—85.; in

Zer-

Zorrenners deutfchem Schulfreund Bd. 2.
S. 54—71. in Pilgers Leben von Spazier
Th. 3, vornehmlich S. 114. ff. Wir holen
um der Vollftändigkeit und Unpartheylichkeit
willen verfchiedenes aus einigen diefer
Schriften nach, und verbinden damit Privat-
Nachrichten, die wir über Bw. erhalten ha-
ben. So erfcheint freylich B. in einem andern
Lichte als das war, in welches ihn der Ne-
krolog nach Anleitung der Magdeburgifchen
Beyträge geftellt hatte.

Bafedows Vater, ein Mann von mancher
Eigenthümlichkeit und Sonderbarkeit, beftimmte feinen Joh. Bernhard zu der Profef-
fion eines Perückenmachers, die er felbft trieb.
Der zu den muthwilligften Kinderftreichen
aufgelegte Knabe entfloh einft wegen fcharfer
Züchtigung und vermiethete fich in Holland
als Diener. Sein Herr fah, dafs er zu etwas
Befferem als zum Dienen brauchbar fey,
föhnte ihn mit feinem Vater aus und machte,
dafs er nach Hamburg zurückging. Hier kam
er aufs Johanneum; in den untern Claffen
trieb er nur Unfug und nahm eine fchiefe,
verfchrobene Richtung an. Nachdem er in
die obern Claffen herauf gerückt war, ging
es beffer mit ihm. Er gefiel fich zwar immer
noch in thörichten Schüler-Streichen, zeich-
nete fich aber doch vor vielen Mitfchülern

durch fein Wiffen und durch feinen Kopf aus.
Er verdankte viel dem Rect. Müller dem
ältern, ferner den Profefforen Richey und
Reimarus. Da er von feinem Vater nun
zum Predigerftande beftimmt wurde, fo predigte er nach dortiger Landesfitte fchon als
Schüler einigemal auf den umliegenden Dör-
fern. Seine Schulftudien waren unordentlich
und tumultuarifch; er trieb allerley durchein-
ander, erwarb fich dadurch das Anfehen eines
Vielwiffers, blieb aber in alten Sprachen und
manchen andern Vorbereitungs- Wiffenfchaften zur Akademie weit zurück. In Leipzig
fand fein unruhiger Geift nicht lange Behagen
an den akademifchen Vorträgen; er ergab fich
ausfchliefsend der Leferey einer grofsen Menge
Schriften und machte fich Auszüge und Entwürfe zu Büchern, die er in der Folge ausar-
beitete. Nach einer zweyjährigen akademifchen Laufbahn lebte er einige Jahre im Stillen als Candidat in Hamburg und ward darauf Hofmeifter des Sohnes vom Hrn. v. Qualen. Er lebte hier thätig, regelmäfsig, ge-
meinnützig und tadellos, und erwarb fich die
Liebe und den Beyfall der Familie in deren
Mitte er lebte. Es fcheint, dafs während feines Kandidaten - Standes in Hamburg fein
hochfahrender Sinn dadurch etwas herabge-
ftimmt wurde, dafs er nicht fogleich Auffehen
machte, noch fich Ruhm und Ruf erwarb.

Viel-

Vielleicht nöthigte ihn auch die ihm ganz
neue feinere Lebensart diefes Haufes, fich zufammen zu nehmen, über fein äufseres Betragen und feine Sitten zu wachen, feine Launen
nnd Leidenfchaften zu beherrfchen. Die Neigung für eine Französin in diefem Haufe, feine nachmahlige Gattin, wirkte ebenfalls vor-
theilhaft auf feinen Charakter. Als er unabhängig und Profeffor in S o r o ë wurde, fing er
an, die Rolle eines unternehmenden, origi-
nellen, vielthuenden Mannes zu fpielen, und
der Trofs früher übler Gewohnheiten und fittlicher Fehler, der eine Zeitlang zurückgehal-
ten aber nicht unterdrückt war, fuchte feine
alten Rechte zu behaupten. Er hatte Beyfall
als Lehrer und ftiftete Nutzen; er trat als
Schriftfteller mit Ehre auf; feine Neuerungs-
fucht aber und feine Abweichungen vom
kirchlichen Lehrbegriff und vom Mechanis-
mus des Herkommens, verbunden mit den
fittlichen Blöfsen, die er gab, zogen ihm
üble Nachreden und Gegner zu. Diefs gab
Veranlaffung zu feiner Verfetzung nach A l t o -
n a, wo er nur wenigen Unterricht und auch
diefen ohne Beyfall gab, da man im voraus
gegen ihn eingenommen war. Nicht gewiz-
zigt durch feine gemachten Erfahrungen
mifchte er fich von neuem in theologifche
Streitigkeiten, kam immer mehr in den Geruch der Ketzerey, und fchien es darauf anzu-

legen

legen. Nachdem er fich lange genug auf diefem Kampfplatze herumgetummelt hatte,
kehrte er zur Pädagogik zurück, die er an dem
jungen von Qualen ausgeübt und deren beffere Grundfätze er nachher in einer Gradual-
fchrift in Kiel vertheidigt hatte. Hier fchliefsen fich feine vielverfprechenden Unternehmungen im Erziehungsfache an, die auf
nichts geringeres, als auf eine gänzliche Um-
wälzung des Erziehungswefens und auf eine
ganz neue Schöpfung diefer Wiffenfchaft und
ihrer befeligenden Ausübung berechnet waren. "Kein Menfch, fagt Meyer, hat der
Welt gröfsere Verfprechungen gemacht und
weniger gehalten, als er."

Bs Aeufseres hatte etwas Zurückfchrecken-
des. Ihn meynte M o r i t z im A n d r e a s
H a r t k n o p f unter dem borftigen Weltrefor-
mator, deffen Sammtrock mit dem Schweifse
der Menfchheit gefärbt war. Er war ftark
und grob organifirt. Ein vorzüglich wildes
Anfehen gaben ihm feine fchwarzen borftigen,
gerade vom Kopfe wegftehenden Augen-
braunen.

Bafedow war ein feltner, eigenthümli-
cher und von der Natur in feinem Innern und
Aeufsern ftark gezeichneter Mann, an dem
Erziehung wenig, eignes Studiren und Nach-
den-

denken das meiste gethan hatte. In ihm
wohnte viel Vernunft und Schwärmerey bey-
sammen. Ausgerüstet mit nicht gemeinen Talenten und mit grofsem Scharfsinn gerieth er
beständig an Küsten speculativer Zweifel und
Forschungen. Er befafs eine feurige Einbildungskraft, die ihn nicht selten mifsleitete
und ihm alles ins Grofse und Riefsenmäfsige
spielte; er war von grofsem Fleifse und von
seltner Beharrlichkeit bey seinen Lieblings-
ideen, die oft in Trotz, Eigensinn und Recht-
haberey ausartete. Sein übergrofses Selbstge-
fühl wurde oft drückende Herrschsucht; sein
steter Drang sich auszuzeichnen, artete oft
in Ruhmsucht aus und gebahr Paradoxie und
Widersprüche; wäre er ein Länderbeherrscher
geworden, er hätte sich gern Welt und Nachwelt unter die Füfse geworfen, wie seine
von ihm tyrannisirte Familie. Er war ein
Redner, deffen erschütternder Beredtsamkeit
Niemand widerstehen konnte, und ein rüsti-
ger Schriftsteller. Seiner Sittenlehre wider-
sprach er durch sein eignes Beyspiel. Er
wirkte eine Zeitlang mit Riefenkraft auf sein
Zeitalter, ward aber noch im Leben von ihm
vergessen.

B. war in guten Stunden ein froher, an-
genehmer, jovialischer Mann und Gesellschafter; aber manche üble Angewohnheiten, ro-

he

he Sitten, Grofsfprecheroy, Disputirfucht,
ein entfcheidender, abfprechender Ton ver-
leideten doch gewöhnlich feinen Umgang,
ja machten ihn oft unausftehlich. Er liebte Spiel und Trunk und überfchritt in beyden
oft die Linie der Mäfsigkeit; er ward dann
zänkifch, fprach unbefonnene Dinge, wurde
wohl gar mit feinen Gefellfchaftern handge-
mein. Für eigentliche Freundfchaft hatte er
wenig oder gar keinen Sinn. Eben fo wenig
fchien er für Liebe empfänglich zu feyn.
Seine erfte liebenswürdige Gattin verlohr er
bald. Seine zweyte ftarb nicht fehr lange vor
Bs. Tode. Sie war etwas überfpannt und ver-
mehrte diefe Spannung durch ihre Lieblings-
lektüre: Youngs Nachtgedanken. Bey diefer
reizbaren Befchaffenheit mufste fie doppelt und
dreyfach durch Bs Eigenheiten, rauhes Wefen
und Anwandlungen von üblen Launen leiden,
die fie doch alle mit der gröfsten Geduld und
Sanftmuth ertrug. Ob er gleich verträglich
und in gutem Einverftändniffe mit ihr lebte,
fo war fie doch mehr als einmal bey Aufbrü-
chen feines unbändigen Jähzorns und rafender
Leidenfchaft den gröbften Mifshandlungen,
fogar einmal der Lebensgefahr, ausgefetzt.
In der Erziehung feines Sohnes erfter Ehe
beging er grofse Fehler und war nicht glücklich. Er ward hintereinander Kaufmann,
Apotheker, Gutsbefitzer. Der Vater kaufte
ihm

ihm ein Bauergütgen bey Deſſau und unter-
ſtützte ihn und deſſen Familie nothdürſtig.
Er iſt ſeit einigen Jahren von da weg gezogen und iſt ein Siegellack-Fabrikant geworden. · Seine Tochter ſollte erſt *Pränumerantia
Elementaria.Philanthropia* heiſsen, weil er damals gerade mit Errichtung des Philanthropin
und der Herausgebung des Elementar-Werks,
auf Pränumeration beſchäftigt war. Nur die
dringendſten Bitten und Vorſtellungen der
Mutter vermochten ihn, von dieſem lächerli-
chen Einfalle abzuſtoſsen und ſie Emilie zu
nennen. Sie ward in ihren erſten Lebensjahren ſchon in die Elementarmethode von Wolke eingeweiht. In der Folge lieſs ſie der
Vater wieder vergeſſen, was das zarte
Kind hatte lernen müſſen, und gab ſie nach
Leipzig in Penſion. Beym Abſchied ſagte ihr
Baſedow: Sie wiſſe, ein Vater könne ſeinem
Kinde wohl und wehe thun. Bey dem Wort
Wehe erhielt ſie eine derbe Ohrfeige auf den
linken und eine auf den rechten Backen. Aber
ich, fuhr er fort, will dir lieber wohl thun,
und ſo ſchloſs er ſie zärtlichſt in ſeine Arme!
Die Erziehung ſeines jüngſten Sohnes lag ihm
ſehr am Herzen; er hatte ihn eine Zeitlang
auf dem Deſſauer Inſtitut, dann wieder bey
ſich; er machte ſich gute Hoffnungen von
ihm und widmete ſich ſeiner Erziehung
noch in den lezten Tagen ſeines Lebens.

Das

Das Philantrhopin war eine Zeitlang feine
Puppe. Er widmete fich der Anftalt wirklich
mit grofsem Eifer und gab felbft eine Zeitlang
fleifsigen Unterricht. Auch als Liturg ward
fein Rednertalent in den Gottesverehrungen
gefchätzt. Wenn er durch Trunkenheit und
im Raufche angefangene Händel ein böfes
Beyfpiel gegeben hatte, fuchte er durch Drei-
ftigkeit, durch Entfchuldigungen oder auch
durch aufrichtige Selbftgeftändniffe alles wieder ins Gleiche zu bringen. Dann pflegte er
wohl ausdrückliche Verfammlungen aller Zöglinge zu veranftalten und öffentliche Abbitte
des gegebenen Aergerniffes wegen zu thun.
So trat er einft im Betfaale mit Ernft und
Feyerlichkeit auf, redete von der Mäfsigkeit
und zeigte an der Schärfe eines vor ihm liegenden Scheermeffers, wie fcharf und fein
die Grenzlinien der Tugend und des Lafters
an einander reichten, und wie leicht eine Ab-
weichung hierhin möglich fey. Nachdem er
nun fein Vergehen mit Rührung geftanden,
zeigte er ihnen an feinem Beyfpiele, dem Beyfpiele eines Mannes, dem fie doch Vernunft
und Erfahrung des Alters zugeftänden, wie
fchwer es halte, böfe Jugendgewohnheiten
ganz zu vertilgen, wie viel Kampf die Tugend unter Anfechtungen der Sinnlichkeit und
des Beyfpiels kofte, wenn man fich nicht
fchon früh mit ihr befreunde; wie dankbar
fie

fie für eine befsre Erziehung feyn 'müfsten.
Ja er hiefs fie ihr Glück fchätzen, dafs fie fo
in der Nähe an ihrem erften. Lehrer ein fo
warnendes Beyfpiel in den Jahren erlebt hätten, wo Eindrücke tiefer als Ueberzeugungs-
Gründe haften. — Ein andresmal trat er in derfelben Kinder-Verfammluug mit feinem von
Koth befudeltem Sammtrock, mit dem er betrunken in der Goffe gelegen hatte, auf, und
hiefs feine Zöglinge ein Exempel an ihm nehmen, wie Trunkenheit die Menfchen in
Schweine verwandle. Wieder ein andresmal
dagegen, als er fich mit einem feiner Collegen auf dem Elbhaufe betrunken hatte, liefs
er alle Kinder zufammenrufen; ftatt eines de-
müthigen *Confiteor* aber erzählte er ihnen
feyerlich: dafs die alten Deutfchen bey ihren
Gelagen oft über Bedürfnifs getrunken und
fich betrunken hätten, weil fie fo ehrliche off-
ne Leute gewefen wären, dafs fie nicht nöthig
gehabt hätten zu fürchten, fie möchten im
Raufche ein Geheimnifs ausplaudern. · Ein
folcher alter Deutfcher fey er nun auch, und
fo müfsten fie ihm den Fehler auch verzeihen!

Als nicht mehr alles nach feinem Wun-
fche beym Philanthropin ging, er feine ideali-
fchen Träume nicht erfüllt fah, beftändig
in Zank und Unfrieden mit feinen Gehülfen
und Untergebenen lebte, wurde er der Anftalt,

ftalt, der er unverbrüchliche Treue und Dienfte gefchworen hatte, abtrünnig; ja er bezeigte, als er davon ganz entfernt worden war,
oft eine Art von Widerwillen gegen fie, und
handelte bisweilen fo, als wenn er ihren Un-
tergang wünfchte. Diefer ward auch vorzüglich durch Bs Schlägerey mit dem M. Reich
herbeygeführt, bey welcher fich der fonft
handfefte und unbezwingliche B. doch nur
mit Schimpfen begnügt und mehr leidend verhalten hatte, um die Ehre des Märtyrerthums
davon zu tragen.

Die Mulfe feiner letztern Jahre wendete
er zu häufigen kleinen Reifen nach Magdeburg, Halle, Leipzig, Hamburg, Kiel etc.
auch zur Schriftftellerey und zu manchen
neuen Projekten, woran er unerfchöpflich
war, an. Da feine Schriften (die letztern
waren gröfstentheils theologifchen und religi-
göfen Inhalts) in denen er fich immer felbft
ausfchrieb und wiederholte, niemand lefen
mochte: fo verfchenkte und verfchickte er fie
unentgeldlich, fo wie er fie auch auf feine
Koften drucken liefs. Zu feinen letzten Projekten gehörte erftlich, dafs er fich damit trug,
nach Siebenbürgen zu gehen und fich mit einer dort befindlichen Religions-Sekte, die
am meiften nach feinem Sinne war, zu verbinden, und eine Gefellfcaft des vom Kirchen-
thume

-thume gereinigten Chriftianismus zu ftiften:
zweytens eine *Civitas latina* zu veranftalten, ein grofses Erziehungshans, worin
nichts als Latein von Lehrern und Zöglingen,
der Hausmutter und der Dienerfchaft, gefprochen werden follte. Ein néues Projekt zur
Verbefferung der Buchftabir-Methode, ver-
drängte die lateinifche Akademie aus feinem
Kopfe und er befchlofs feine Laufbahn in
Magdeburg wie Dionys zu Korinth, indem
er in einer Kinderfchule buchftabiren und lefen lehrte.

Bafedows Grab befindet fich anf dem
Kirchhofe der heil. Goift-Kirche, der mitten
in der Stadt liegt. Durch die Beyträge mehrerer Freunde des Erziehungswefens ift ihm
dafelbft ein Denkmahl errichtet worden, wozu der Herzog von Braunfchweig den Blankenburger Marmor gefchenkt hat. Das Monument befteht aus einem Piedeftal von Sand-
ftein, worauf nichts, als der Name Bafedow auf einer marmornen Platte fteht. Auf
dem Piedeftal erhebt fich eine cannelirte Säule
von Blankenburger Marmor, neben derfelben
fteht eine Urne von eben dem Stein, und an
diefe lehnt fich das vom Prof. Döll in Gotha, halb erhoben aus cararifchen Marmor
verfertigte Bruftbild Bafedows. Neben dem
Grabmahle fteht eine Trauerbirke. —

Jani

CHRISTI. DAV. JANI,

Rector des Gymnaſiums in Eisleben.

S. Nekrol. 1790. II, 269.

Jani war ſtark von Körper, ein phlegmati-
ſcher, in Geſellſchaften jovialiſcher Mann.
Seine Art, die Römiſchen Dichter im Schul-
unterrichte zu behandeln, lernt man aus ſeinen Anmerkungen zum Horaz kennen,
die nach ſeinem Tode einer ſeiner Schüler aus
Janis mündlichem Vortrage herausgegeben,
die aber weder ganz reif zum Drucke, noch
von dem Vorwurfe des Minellianismus völlig frey zu ſprechen ſind. Mit ſeiner Ausgabe der Horaziſchen Oden machte er au-
ſerordentliches Glück; vom erſten Bande
muſste bald eine neue Auflage gemacht werden. Er war der erſte, der ſich Heynens
zweckmäſsige und geſchmackvolle Art den
Virgil zu bearbeiten, bis auf einen gewiſſen
Grad zu eigen machte und in ſeinem Horaz
anwendete; denn Barths Properz war doch
im Ganzen eine verunglückte Nachahmung
der Heyniſchen Manier. Dieſs verbunden mit
dem Abſtich, den ſeine gefällige Bearbeitung

tung mit der in Deutfchland bisher am häu-
figften gebrauchten Baxter - Gefnerfchen Ausgabe, hob fein Werk und machte, dafs man
es in den erften Rang aufnahm. Indefs trat
zuerft ein unbarmherziger Ariftarch gegen Jani
in der Amfterdamer *Bibliotheca critica*
auf, und, wenn diefer gleich offenbar par-
theyifch gegen Jani war und manches aus
einem unrichtigen Gefichtspunkte beurtheilte
oder übertrieb, fo wurde man doch bald,
nachdem die Zeit der erften Bewunderung
vorüber war, inne, dafs dem gefchickten Er-
klärer des Horaz bey allen unläugbaren Verdienften kritifches Talent, hinlängliche Kenntnifs und Belefenheit in der griechifchen Litera-
ratur und ächte äfthetifche Grundfätze, die
nicht ganz durch das Gefühl des Schönen und
durch häufige Ausrufungen und Bewunde-
rungsformeln erfetzt wurden, mehr oder weniger abgingen.

D. JOH. BENJ. KOPPE.

(S. Nekrol. 1791. I, 101. ff.)

Er gehörte unter die Männer von ausgezeichnetem Kopfe, von einem richtigen, scharfen Blicke. Er war kein grofser, sehr viel umfaſſender Gelehrter, aber er wandte das, was er wuſste, mit Geſchicklichkeit und Geſchmack an. Diefs war auch der Fall mit den beyden Bänden feiner Ausgabe des N. T., wo er mit Auswahl und guter Urtheilskraft das Gute aus andern Auslegern, vorzüglich aus dem Wetſteiniſchen N. T., aufgenommen und auf geſchmackvolle Art verarbeitet hatte. Er hatte ſich aus der Heyniſchen Schule eine von den bibliſchen Exegeten noch wenig angewandte Art, die Schriftſteller zu behandeln, zu eigen gemacht, behandelte die bibliſchen Bücher wie die Werke der Profanſchriftſteller, und gab feiner neuen Ausgabe einiger bibliſchen Briefe die Geſtalt und Einrichtung des Heyniſchen Virgil. So erndete er allgemeinen Beyfall von Theologen und Humaniſten; nur einige akademiſche Lehrer murrten, dafs in der Koppiſchen *Adnotatio*

per-

perpetua nun alles gesagt sey, was sonst für
den mündlichen akademischen Unterricht auf-
gespart werde, und dass für diesen wenig
mehr übrig bleibe. Koppens Manier wurde
bald durch die Fortsetzer seines Werkes, Pott
und Heinrichs, angenommen. Denn
Koppe selbst kam in dem letzten Abschnitte
seines Lebens von eigentlich gelehrten Unter-
suchungen durch seine ganz praktische Laufbahn mehr ab, und fand keine Musse zur eignen Fortsetzung seiner Ausgabe des N. T. Es
blieb nur bey einigen Zurüstungen dazu und
bey einer verbessernden Durchsicht der von
ihm bereits herausgegebenen Briefe. Er hatte
gute philologische Kenntnisse, wiewohl er
nur in den frühern Jahren einige in die Pro-
fan - Philologie einschlagende Arbeiten unter-
nommen hat. Er gab eine kleine Schrift
über die Orakel heraus und besorgte eine im
Ganzen sehr gelungene Umarbeitung der Ue-
bersetzung des Pindars. Er war im Ganzen
ein sehr aufgeklärter Mann, vorzüglich in Angelegenheiten der Theologie und Religion, so
weit man es durch philologische und ge-
schichtliche Kenntnisse, durch gesunden, un-
verdorbenen Verstand werden kann. Philoso-
phie hatte er nicht zu seinem Hauptstudium
gemacht, und mit den Fortschritten in dieser
hielt er wohl nicht gleichen Schritt : daher
bey ihm noch ein Schwanken in den Princi-

b 2   pien

pien, in gewiſſen Fällen auch eine Neigung
zum Wunderbaren, eine gewiſſe Schwärmerey, die ſich in manchen Dingen äu-
ſſerte und gegen ſeine helle Art zu ſehen
ſehr abſtach. Sie war ihm vornehmlich in
den frühern Jahren eigen und mochte durch
ſeinen Hang für geheime Geſellſchaften und
durch ſeine Thätigkeit in denſelben noch mehr
Stoff und Nahrung gefunden haben. Erſt in
den letztern Zeiten ſeines Lebens zog er ſich
ganz von allen Ordens - Verbindungen ab,
nachdem er darin, vornehmlich einſt in Göttingen, im Ganzen heilſam gewirkt und viel
inſonderheit zur ſittlichen Bildung der ſtudie-
renden Jugend beygetragen hatte. Er hatte
einen reformatoriſchen Geiſt, der ihn, verbunden mit den Jdealen deſſen, was ſeyn ſoll,
zu raſchen, weitgreifenden Schritten führte.
Seine Neuerungen, wenn ſie auch meiſt Ver-
beſſerungen waren, waren nicht immer auf
Zeit, Umſtände und Menſchen berechnet.
Mit unverrücktem Auge auf das, was er für
Gut und Pflicht erkannte, ſuchte er ſeine
Plane durchzuſetzen, es koſte was es wolle,
ſelbſt auf eine herriſche Art, ſelbſt ſo, daſs
die, welche unter ihm arbeiteten, bisweilen
über Druck ſeufzten. Er kam vom akademi-
ſchen Lehrer auf einmal in Gotha in die prak-
tiſche Sphäre des Geſchäftsmannes, die ihm
fremd war und den Neuling manche Fehltritte
thun

thun liefs. Sie war aber eine herrliche Schule
des Lebens und der Klugheit für ihn. Mit
ungefchwächtem Eifer für Wahrheit und
Menfchenwohl, aber mit Lebensweisheit und
langfamerer Befonnenheit trat er in feine neue
Laufbahn in Hannover ein und erhielt fich
auf einem fehr kritifchen Poften, mitten unter Menfchen von fehr abweichender Denkungsart, in feinem Anfehen, in Verehrung
und Liebe des Publikums. Er fuchte allen
alles zu werden. Man fühlte feine Ueberlegen-
heit, man konnte feinen Enthufiasmus für
Verbefferung des Schulen- und Kirchenwe-
fens nicht widerftehen. Er ward der Mann
des Tages; Koppens Predigten zu hören, fich
für fein Schulmeifter-Seminarium zu erwär-
men, feinen Aufklärungen in Angelegenheiten der Religion und Moral zu huldigen,
ward herrfchender Ton, der ihn noch
eine Zeitlang überlebte.

Nachträg●
zum Leben
des
D. Carl Friedr. Bahrdt,
(S. Nekrol. 1792. I, 119 ff.)

Der Verfaſſer der Lebensbeſchreibung des
D. Bahrdt im Nekrolog, iſt durch die Un-
terſtützung mehrerer ſachkundiger Männer in
den Stand geſetzt worden, viele und wichtige
Beyträge zur Ergänzung und Vervollſtändi-
gung jenes Aufſatzes zu liefern, welche in
dieſem Repertorium der neueſten Literär- und
Menſchengeſchichte an ihrer rechten Stelle
ſtehen werden. Ein Verzeichniſs der meiſten
mitwirkenden Gelehrten wird ein günſtiges
Vorurtheil für die Wahrhaftigkeit dieſer
Nachträge erwecken. Hier ſind ihre Namen.
Hr. Aſſeſſor Andreä zu Erfurt; der verſtorbene reformirte Prediger Böhme in Heidelberg; Pfarrer Geiger zu Schefflenz, ehemaliger Lehrer am Heidesheimiſchen Philanthropin und Bahrdts Vertrauter; Pfarrer Grä-
ter

ter zu Kürnberg unweit Rotenburg ob der
Tauber; M. Hofmann, Tertius der Tho-
masfchule in Leipzig; Geh. Tribun. Rath
Höpfner in Darmftadt; M. Kinderling,
Diakonus in Kalbe an der Saale, und Infpek-
Müller ebendafelbft; Prof. Matthiä in
Grünftadt; Hofr. Meufel in Erlangen. Allen diefen gebührt grofser Dank, aber ganz
vorzüglich der Verwendung und Betriebfam-
keit, mit welcher die Herren Matthiä und
Kinderling diefen Vorrath bereichert haben. Der Hr. Prediger Heres in Bechtheim
wollte aus feinem mit B. gepflogenen Briefwechfel eine Auswahl zum Beften der Nachträge machen, ift aber vermuthlich durch die
Unruhen des Krieges davon abgehalten worden. Auch der Kammerrath Schellenberg
in Frankfurt ift im Befitz von mehr als 600
Bahrdtifchen Briefen und Urkunden, das Leben deffelben betreffend, die dem, welcher
fie einzufehen Gelegenheit hat, vielleicht noch
Aufklärungen gewähren können.

B. gibt felbft 1741 als fein Geburtsjahr fowohl in feiner Lebensbefchreibung, als im
K. und Ketzer-Almanach an; aber in dem
Programm, welches Bel im J. 1761 bey feiner Magifter-Promotion fchrieb, und worin

Nach-

Nachrichten über Bs. Jugendjahre befindlich
find , wird feine Geburt ins Jahr 1740 gefetzt. Seine Jugendgefchichte hat B. im Ganzen nach der Wahrheit gefchildert, wiewohl
er freylich auch hier zu fehr ins Schöne
mahlt. Er war ein munterer offner Kopf,
voll muthwilliger Streiche, die er gern auf
Koften feiner Kameraden ausübte. Seine
Schelmereyen waren zum Theil von der Art,
dafs fie nur durch feine Kinderjahre, durch
Leichtfinn u. Mangel an Ueberlegung entfchul-
digt werden konnten. Er brachte falfches
Geld bey feinen arglofen Gefpielen an. Er
vertheilte Loofe für Geld, um ein Spielpferd
unter feinen Kameraden zu verloofen und gab
das Geld nicht wieder heraus, als die Zie-
hung, man glaubt durch feine Mitwirkung,
verboten ward. Er verkaufte einmal in der
Meffe feinen Kameraden Plätze an feinen Fen-
ftern , unter dem Vorwande, es gebe da etwas zu f hen. Oft zogen ihm folche lofe
Streiche Schläge zu, die er fich auch gefallen
liefs. Sehr früh machte ihm feine Sinnlichkeit
zu fchaffen. Im Umgang mit Mädchen fröhn-
te er zugleich feiner Eitelkeit und rühmte
fich gern vor feinen Kameraden erhaltner,
vielleicht auch nicht erhaltner, Begünftigun-
gen. Eine leere Knabenprahlerey war es wenigftens, wenn der Leichtfinnige erzählt haben foll, er habe Abends Mädchen vor dem
Bet-

Bette feiner Eltern vorbey in fein Schlafge-
mach geführt, da er fie doch ohne folche Gefahr durch eine Hinterthür unmittelbar in
fein Gemach hätte bringen können, ja da,
wie man verfichert durch das Schlafzimmer
feiner Eltern kein Durchgang in fein Zimmer
war. Er kleidete fich fo nett, als es feine Umftände erlaubten. Er trug, nach damahliger
Sitte unter der Jugend, eine Perücke, aber
mit folchem Anftande, dafs er feinen Kameraden hierin zum Mufter empfohlen ward. Unter gefitteten Mädchen konnte er fich eine Zeitlang zurückhalten, aber bald, vorzüglich in
bekannten Cirkeln, fiel er wieder in grobe
Scherze. Ungefähr in feinem zehnten Jahre
erhielt er den nachherigen Tertius der Tho-
masfchule, M. Hofmann, zum Lehrer,
deffen Verdienften um fich er auch in feiner
Lebensbefchreibung Gerechtigkeit widerfah-
ren läfst. Sein Erzieher entdeckte gleich anfangs einen fähigen Kopf und eine natürlich
gute Gemüthsart in ihm. Sein Vorgänger
hatte den Knaben ftatt vernünftiger Vorftellungen mit Härte und Strenge behandelt,
welches gar nicht der Weg war, ein fo auf-
gewecktes und lebhaftes Gemüth zu leiten,
um es nicht auf heimliche Ränke und Liften
verfallen zu laffen. Im Religions-und Sprach-
unterricht war er auch fehr zurückgeblieben.
„Er behielt fogleich, fagt M. Hofmann

von

ihm, was er gehört hatte, und fragte um alles, was ihm noch nicht überzeugend genug geschienen hatte. Er machte mir Einwendungen, die mir angenehm und ihm nützlich waren. Er beschäftigte sich immer mit dem, was er gehört hatte, und hörte nicht auf, bis er völlig beruhigt war. Um nun selbst eine gewisse Ueberzeugung von dem gegebenen Unterricht zu bekommen, liefs ich ihn seinen jüngern Brüdern und dem in allem Betracht sehr fähigen E. Platner zugleich Unterricht geben, indem ich aus der Stubenkammer zuhörte. Er hatte ohne mein Wissen einen Bakel unter dem Rocke verborgen. *) Als ich es entdeckte, verwies ich ihm diesen kindischen Streich und fragte ihn, ob er wohl jemals bey mir einen gesehen hätte. Sogleich übergab er mir den Stock. Aus Zuneigung folgte er mir in allem willig, und ich kann ihm keinen Vorwurf machen."

Ich überspringe einen langen Zeitraum, aus dem ich nichts anzumerken habe, um ihn als Professor in Erfurt wieder zu finden. Man hatte seinen Fehltritt in Leipzig durch satyrische Gemälde mit der Inschrift: Hier geh ich natürlich ein; nachmals werd' ich geistlich seyn! verewigt; aber

*) S. Bs Lebens-Beschr. von ihm selbst 1, 57.

aber er war itzt nicht mehr geiftlich und be-
kleidete eine philofophifche Profeffur. Auch
ward fein Betragen noch weltlicher als da,
wo ihn der Prießerrock noch in Schranken
hielt. Der herrfchende Ton in Erfurt war
damals der des Cynismus, welchen der Statt-
halter v. Breitenbach angab. Nach ihm
richtete fich Riedel, und die jungen Profefforen mufsten fich dann wieder nach dem
Tone Riedels, der damals alles in allem galt,
bequemen. Diefs ward Bahrdten nicht fchwer.
Er verfchaffte fich in der Folge durch die Ver-
mittlung Erneßi's, der ihm wohl wollte,
und durch feines Vaters Geld, von Erlangen
die theologifche Doktorwürde. Als er nachher in Erfurt feine Inaugural - Disputation
hielt, wählte er fich einen der liederlichften
Studenten, Namens Gleichmann, zum Re-
fpondenten, der weder vor noch nachher
daran dachte, Theologie zu ftudiren. Eine
Anzahl Studenten brachte dem Neo-Doktor
eine Nachtmufik und überreichte ihm ein Gedicht. Sein betrunkner Refpondent beleidigte
einige junge Leute und betrug fich fo wü-
thend, dafs man ihm einen Stall in der Be-
haufung des D. Bahrdt zum Nachtquartier an-
weifen mufste. Bald nachher verfetzte B. fein
Doktor-Diplom an Riedel, der ihm 500
Thlr. darauf borgte. B. löfte es nie wieder
ein. Als Riedel auf der Donau nach Wien
fuhr,

fuhr, zerriſs ers und warf es in den Strom.
"Bahrdt, ſagte er nachher, hat mir viel zu
verdanken. Durch mich kam ſein Name wenigſtens bis ans ſchwarze Meer!" Während
des Prozeſſes, den die Theologen in Erfurt,
vornehmlich S c h m i d t, gegen B. führten,
erfuhr er, daſs das eingeholte W i t t e n b e r-
g i ſ c h e Urtheil nicht zu ſeinem Vortheil
ausfallen würde und beſchloſs ſofort es aufzu-
fangen. Auſser dem Theologen S c h m i d t
lebte noch ein anderer Profeſſor gleiches Namens in Erfurt, der bald darauf nach Gieſsen
berufen wurde. Dieſen wuſste B. ſo in ſein
Intereſſe zu ziehen, daſs er ihm ſeinen Namen zur Ausführung ſeines Vorhabens lieh;
nun beſtach er den Briefträger, was etwa
von Wittenberg einlaufen möchte, dieſem
Schmid einzuhändigen. Das Gutachten kam
an Schmid. Dieſer übergab es Bahrdten, der
es ſogleich mit Gegenanmerkungen drucken
lieſs. Der erſtaunte Prof. der Theologie ward
den Betrug nicht eher inne, bis ihm ſein
Gegner einen Abdruck des Gutachtens in die
Hände ſpielte. Das K. Reichs-Oberpoſtamt
nahm dieſe Defraudation ſehr übel, verfolgte
den indeſs nach Gieſsen abgegangenen Prof.
Schmid mit Requiſitorialien und nöthigte ihn
wieder nach Erfurt zu kommen und den Betrug abzubitten. An ſeinem Gegner Schmid
hörte B. nicht auf, Neckereyen auszuüben.

So fchrieb er gewöhnlich in die Stammbü-
cher der Studirenden die griechifche Stelle aus
dem Br. a. d. Timotheus: "der Schmidt
(ὁ χαλκεύς) hat mir viel Böfes gethan" und
fchickte fie damit zum Profeffor Schmidt.
Seine Heirathsverfuche in Erfurt mifslangen
ihm durch eigene Schuld. Er ftand eben im
Begriff eine Wittwe zu heirathen, die wenigftens 10,000 Thlr. baares Geld befafs. Mittlerweile reifste er nach Mühlhaufen, fand
dort die Wittwe Kühn hübfch und brachte
fie als feine Gattin mit nach Erfurt. Es fehlte
ihm an Betten und er entlehnte welche von
feiner präfumtiven Braut, die feine Verheira-
thung erft einige Tage nachher erfuhr und die
er zur Dankbarkeit viele Jahre hernach in feiner Lebensbefchreibung ohne die mindefte
Veranlaffung an den Pranger ftellte.

B. war in Erfurt fchon in fo üblen Geruch der Ketzerey gekommen, dafs die Univerfität zu Giefsen feinen Ruf dorthin mit allen Kräften zu hintertreiben fuchte. Da die
gemachten Vorftellungen nichts wirken wollten, liefs Prof. Böhm, ein Freund des D.
Bennor, die Kirchen-Aelteften an der
Giefsner Stadtkirche kommen und bewog fie
bey dem Landgrafen zu bitten, dafs Bahrdt
nicht als Prediger berufen werden möge.
Diefe Bitte fand zwar kein Gehör, aber B.
ward

ward Böhms abgefagter Feind, fo lange er in
Giefsen war.*) B. hatte feine Antrittspre-
digt in Giefsen darauf eingerichtet, die gegen
ihn eingenommene Bürgerfchaft umzuftimmen, und ob fie gleich nicht die wunderfa-
men Wirkungen hervorbrachte, die B. (2,
147 ff.) rühmt, fo gefiel fie doch, weil B.
darin ein völlig orthodoxes Glaubensbekennt-
nifs ablegte und fie mit vieler Beredfamkeit
hielt. Die Bürger fagten: das ift ein grofser Redner und kein fo fchlimmer
Ketzer als man geglaubt hat! Ueberhaupt fanden feine Predigten in Giefsen Beyfall, 1) weil er meiftens Hauptfätze wählte,
die nicht gemein und abgedrofchen waren;
2) weil er die Predigten nicht memorirte,
fondern nur eine ausführliche Difpofition entwarf, worüber er frey aus dem Kopfe fprach,
fo dafs fein Vortrag dadurch populärer und
lebhafter wurde. 3) Weil er gut deklamirte.
Er hatte zwar etwas von dem breiten Leipzi-
ger Accent, aber dennoch war feine Ausfpra-
che weniger fehlerhaft. Die Gebete trug er
im Tone der innigften Empfindung vor. 4)
Weil er die Zeitumftände und Gefchichte des
Ta-

---

*) Demungeachtet fagt B. in feiner Lebensbefchr. II,
167 "Sehr war dem D. Benner auch der Prof.
Böhme ergeben, der fich aber nie von ihm zur
Feindfeligkeit gegen mich verleiten liefs."

Tages auf fehr gute Art zu benutzen und ein-
zuflechten wufste. 5) Weil er mitunter den
Theologen Stiche gab, die man denn immer
auf feinen Todtfeind, den D. Benner, zog.
So fing er z. B. eine Paffionspredigt an: "Meine
Freunde, ich zeige euch heute unfern Hei-
land in den Händen feiner grimmigften Feinde. Und wer waren diefe Feinde? Ich fchä-
me mich, dafs ich es fagen mufs, es waren Geiftliche, und noch dazu folche, die
in dem Rufe einer befondern Rechtgläubigkeit
ftanden; es waren die Pharifäer." 6) Weil er
zuweilen fehr orthodox predigte, allezeit aber
die Heterodoxie künftlich verfteckte. So hielt
er z. B. eine Predigt über die Ewigkeit
der Höllenftrafen, worin er diefe mit
allen möglichen Gründen erwies. Nur am
Ende fagte er, er müffe geftehen, dafs in
Stunden, wo er über die unendliche Liebe
Gottes nachdenke, und das Gefühl derfelben
bey ihm recht lebhaft werde, er fich die
Hoffnung einer dereinftigen Begnadigung
nicht ganz verwehren könne. Diefe Predigt
ift mit in einer feiner Predigtfammlungen abgedruckt. — Einft kam Graf Zech, Churfächf.
Subdelegatus bey der Kammergerichts - Vifita-
tion zu Wetzlar, nach Giefsen, um B. zu hören. Er war entzückt über die Predigt und
machte B. einen Befuch. Nach einigen Gefprächen bot B. dem Grafen eine Partie
L'Hom-

L'Hombre an. Der Graf, ein fehr religiöfer Mann, nahm diefs fehr übel, da er es nicht nur für unfchicklich für einen Prediger hielt, fondern es auch ganz gegen den guten Ton war, einem Manne von Stande bey der erften Vifite ein Spiel anzubieten. — Die erften Vorlefungen in Giefsen kündigte B. über Baiers Dogmatik und Benners Moral an. Dafs in diefen manche Spöttereyen über Sachen und Autoren einflofsen, läfst fich denken. Infonderheit erzählte man, dafs B. einmal gefagt habe: Der Hr. Autor (D. Benner), für den ich fonft alle Hochachtung habe, — hierbey habe er fich geräuspert und ausgefpeien — hat fich geirrt. Bs vertrauter Freund in Giefsen, Baumer, von dem er rühmt, dafs er ihm die Schuppen der Orthodoxie ganz von den Augen genommen habe, war vorher Landprediger in Thüringen gewefen, hatte aber nachher Medicin ftudirt. Er ward Profeffor in Erfurt, und kam von da nach Giefsen. Baumers freyer, gefellfchaftlicher Ton, fein Sinn für Wein und Luftigkeit, verband ihn bald mit Bahrdt. Bey der Weinflafche mögen fie dann auch wohl oft über die Dogmatik gefpottet haben. Kaufmann Heufer, deffen B. in feiner Lebensbefchr. gedenkt, und den der Soldat Lauckhardt, der Verf. der Briefe eines Pfälzers über Bs Leben, fo

fehr

fehr mißhandelt hat, ift ein fehr verftändi-
ger, ehrlicher und wohlhabender Mann. Er
legte feinen Weinhandel in Frankfurt nieder
und kaufte fich in Gießen einen Garten mit
einigen Häufern; in dem einen wohnte er,
das andere gab er eine Zeitlang Bahrdten ein.
Er erzeigte diefem überdiefs viele Wohltha-
then; liefs ihm z. B. anfehnliche Geldfum-
men auf der Poft zugehen ohne fich zu nennen, ward aber zuletzt über Bs Charackter
aufgeklärt und machte fich von ihm los. Als
über B. in Gießen eine Inquifition befchloffen
war, welche der Geh. Rath v. Mofer in
Darmftadt betrieb, kam zum Glück der
Ruf nach Marfchlinz. B. machte alfo eine Vorftellung an das Geh. Raths-Collegium
in Darmftadt, die fich anfing: "Wenn alles
zum Sturm bereit ift, fendet die Vorfehung
den Entfatz." Nun machte er die ausfchwei-
fendften Forderungen, z. B. dafs er lefen und
fchreiben dürfe, was er wolle; dafs Niemand
im Darmftädtifchen gegen ihn fchreiben, kein
Verleger etwas gegen ihn Gefchriebenes verle-
gen folle; dafs er die Anwartfchaft auf die
erfte erledigte Superintendenten-Stelle haben
folle etc., oder, wenn man ihm das alles nicht
bewilligte, den Abfchied. Diefen erhielt
er. Die Gefchichte feiner Abreife aus Gießen
ift nirgends richtig erzählt. B. machte Bekanntfchaft mit dem Superintendenten Adol-

phi in Lich. Er fprach diefen um ein Dar-
lehen an. Adolphi gab ihm ftatt deffen einen
Beutel mit Medaillen (nicht Münzka-
binet): B. verpfändete den Beutel bey dem
Poftmeifter Kempf und erhielt einige 100 fl.
darauf. Als man hörte, dafs B. Giefsen verlaffen wollte, wurde der Poftmeifter und der
Eigenthümer einer Apotheke, an welchen B.
eine nicht fehr beträchtliche Summe für Arzney fchuldig war, aufmerkfam. B. aber liefs
ihnen fagen, er werde morgen bey ihnen
Abfchied nehmen, und feine Schulden abtra-
gen. Statt deffen fuhr er noch denfelben Tag
gegen Abend mit einer Miethkutfche weg.
Die genannten zwey Gläubiger erfuhren diefs
und unwillig über Bs Lüge (der Eigenthümer der Apotheke wenigftens hätte ihm gern
die Schuld erlaffen, wenn er ihn darum erfucht hätte) gaben fie fogleich einigen Freunden in Butzbach Auftrag, B. anhalten zu
laffen. B. war in grofser Verlegenheit, weil
er kaum fo viel Geld bey fich hatte, um damit
bis nach Marfchlinz zu kommen. Des Poft-
meifters Kommiffionär hatte den Beutel mit
Medaillen bey fich, und wufste die Wittwe des Metropolitan H rnbrod in Butzbach zu bewegen, ihm auf diefs Pfand fo
viel Geld zu borgen, dafs der Poftmeifter
und die Apotheker - Schuld bezahlt werden
konnte. — Seinen Charakter hatte B. in Giefsen

noch

noch auf eine andere Art verdächtig gemacht.
Die Univerfität liefs einige Jahre hindurch
ihren Lections Catalog in die Frankfurter gel.
Zeitungen einrücken. ·B. nahm als Redakteur
diefer Zeitungen die Druckgebühren vom
Rechner der Akademie alle halbe Jahre ein;
quitirte darüber, fandte aber das Geld nicht
an den Verleger, Hofr. Deinet. Nach Bs.
Abgang forderte Deinet die fämmtlichen
rückftändigen Gebühren.   Der Rechner antwortete, dafs B. fie jedesmal empfangen und
Quitung darüber ausgeftellt habe.   Deinet
fchreibt voll Zorn an B. und fordert das Geld.
Diefer antwortet: "Ich habe die Druckgebühren nicht erhalten, und wenn fich Quitungen mit meinem Namen vorfinden, fo hat
fie ein falfcher Freund in Giefsen ausgeftellt,
der indeffen doch zu gut ift, als dafs ich ihn
an einen Deinet verrathen möchte." Deinet
foll diefe Gefchichte in den gel. Zeitungen
bekannt gemacht haben.   Es hatte gar wenig
Wahrfcheinlichkeit, dafs Jemand in Giefsen
um einiger Gulden willen 5—6mal follte ge-
wagt haben, falfche Quitungen in Bs Namen
zu fchreiben.

Die Gefchichte feiner erften Bekanntfchaft
mit Hrn. v. Salis und feiner erften Auftritte
in Marfchlinz findet fich im Jahrg. 75
oder 76 der Frankfurter gel. Zeitungen. Der

von

von ihm fo unwürdig behandelte Salis wird faft allgemein für einen von Geift und Charakter fehr vorzüglichen Mann gehalten; dagegen wird in einer Reife von Mainz nach Cölln 1795 D. Bahrdt in Marfchlinz S. 83 ff. wegen feiner Prahlfucht, Lüderlichkeit, Projektmacherey, Unthätigkeit und Leckerey in kein vortheilhaftes Licht geftellt, wiewohl einige Leidenfchaftlichkeit aus diefem Auffatze hervorleuchtet. Genug, die Unzufriedenheit des Hrn. v. Salis war ohne Zweifel von Bs Seite verdient, und fie ftieg nach einer eignen Erzählung des Hrn. v. Salis durch folgendes aufs höchfte. B. hatte den Hrn. v. S. verfchiedenemale um Empfehlung für junge Dienftmädchen nach Venedig erfucht und fie erhalten. Als S. hierauf felbft einmal nach Venedig kam, wurde er einft damit aufgezogen, dafs er feine Hetären den Venetianern fchwanger zufchicke. Der gutmüthige B. hatte vermuthlich aus Mitleid des Hrn. v. S. Credit gebraucht, um jene Dirnen, die einen Fehltritt gethan hatten, nach Italien auf die Seite zu fchaffen! Der Philanthropinifche Erziehungsplan oder Nachrichten von dem Philanthropin zu Marfchlinz, Frft. 1776. 8. war wohl das Schätzbarfte, was B. in Marfchlinz lieferte. Es lagen Bafedows Schriften und Ideen zum Grunde; es herrfchte darin der Geift und Ton

der

der damals alles umfchaffenden und beffer ma
chenden Philanthropine; allein es waren doch
im Ganzen fehr gefunde, verftändige und
durchdachte pädagogifche Grundfätze darin
niedergelegt; es enthielt vorzüglich viel Gutes über Sokratik, über fittliche Bildung,
über Gymnaftik und überhaupt über Spiele
aller Art. Um die Zeit, da diefes Werk gefchrieben wurde, trug fich B., unzufrieden
mit feiner dortigen abhängigen Lage, mit
dem grofsen Gedanken, ein allgemeines Erziehungshaus der Deutfchen zu errichten, das er
in Erfurt gründen wollte. Er warf diefe Idee
zuerft in einem Briefe an feinen treuen Freund
Moufel in Erfurt hin, der Bn. zu fehr cha-
rackterifirt, als dafs er nicht hier aufbewahrt
zu werden verdiente. Er fchrieb von Marfchlinz d. 4. Jan. 76. "Dank von Grund der
Seele für deinen Brief, mein geliebtefter Her-
zensfreund! — O wie erquickend in meinem
Winkel, wenn ich einmal einen Laut aus
Deutfchland höre: — ich, der ich fo abgele-
gen wohnen mufs, dafs die ganze alte Welt
für mich todt zu feyn fcheint. Du willft ohne Schminke — was lefen. Hab ich je mit
Schminke dir was gefagt? Hab ich mich je
fo erniedrigt, die heiligften Rechte der Freundfchaft fo zu entweihen? O du weifst nicht,
wie meine Seele an dir hängt, wie innig ich
dich liebe, wie theuer, wie verehrungswür-

dig

dig mir dein fo oft erprob** redliches
Herz ift. Wie mirs itzt geht? Der Henker
mag beftimmt antworten. Gut — wenn leben, gefund feyn, Muth haben wie ein Lö-
we, effen und trinken wie ein Scheundrefcher,
fchlafen wie ein Ratz, und K..... machen wie
ein — was weifs ich —, gut leben heifst.
Schlecht, wenn in fchrecklicher Einfamkeit
leben, Sklav feyn, in einem verengten Wir-
kungskreife ftecken, von allem literärifchen
Commercio ausgefchloffen feyn, von Politi-
kern und jüdifchen Menfchen umringt feyn,
fchlecht leben heifst. Nun weifst du's ja ohne Schminke, wie ich lebe. Aber du haft
nicht gefragt, wie ich leben werde? Das will
ich dir fagen. Bald näher bey dir feyn —
dir zeigen können, dafs es immer mein einzi-
Wunfch war, dir deine Freundfchaft thätig zu
verdanken — ich erliege unter dem frohen
Gedanken. Kannft du beten, mein Geliebter,
fo bete, dafs Gott es fegne, das gröfste Unternehmen, das je die Sonne befchien! Ein bis-
chen deutlicher will ich reden, aber du mufst
reinen Mund halten. "Ein allgemeines
Erziehungs-Haus der Deutfchen"
denke dir, nahe bey Erfurt; und da mich,
dich und mehr folche gute Menfchenfeelen
vereint. Aber nun kein Wort weiter. —
Aber zweyerley bitt' ich dich: 1) Frage
Wielanden von ferne, aber fchleunigft,

ob

ob er, wenn ein Erziehungs-Collegium errichtet würde, sich entschliessen will, Mitglied zu seyn, und durch Rath und schriftliche Gutachten ein so wichtiges Wesen zu unterstützen und seine grossen Einsichten wenigstens zum Theil für das Erziehungswesen zu verwenden. 2) Erkundige dich doch, wem der S t e i g e r gehört, und ob man sich da ankaufen kann, um ein Erziehungshaus da aufzubauen! Sobald mein M a r s c h l i n z e r Plan abgedruckt ist, wirst du mehr von jenem grossen Vorhaben gedruckt und mit Erstaunen lesen." — Der Ruf nach D ü r k h e i m gab Bs Planen bald hernach eine andere Richtung. Er schrieb den 15. April 76. an seinen Freund voll Begeisterung: "Frisch, liebstes Seelenbrüderchen, nimm deinen Zeitungskiel und schreib: """Wehe dir, M i c h a e l i s und G ö z! Er kömmt nach Deutschland zurück — als G e n e r a l s u p e r i n t e n d e n t über die sämmtlichen Gräfl. Leiningen-Dagsburgischen Lande, als C o n s. R a t h, S c h o l a r c h und erster S t a d t p f a r r e r zu Dürkheim. Wir meynen, mögts glauben oder nicht, den H. D. C a r l F r i e d r. B a h r d t, der heil. Schrift Doctor und seitherigen Director des Philanthropins zu Marschlinz. Mit dem Willen etwas Gutes für die Menschheit zu stiften und in B ü n d t e n ein Philanthropin anzulegen, verliess er sein Vaterland, und mit der Ehre,

diess

dieſs wichtige Inſtitut gegründet zu ha-.
ben, kehret er zurück — mit neu geſammelten
Kenntniſſen und Erfahrungen zum Beſten ſeines Vaterlandes zu wuchern. Seine Abreiſe
iſt auf den letzten Julius feſtgeſetzt."'' Die
Vocation mit einem Gehalt von 1000 Rthlrn.
habe ich geſtern unvermuthet und ungeſucht
erhalten, und zwar mit dem ausdrücklichen
Auftrage, meine erlangten Einſichten im
Schul - und Erziehungs - Weſen zum Beſten
der Leiningiſchen Lande (unter denen 50 Pfar-
reyen begriffen ſind) anzuwenden. Gott ſey
gelobt, der ſeinen Knecht noch für ſein Vaterland nutzbar machen will! mögen die
ſchäumen und ſchelten, die vor kurzem zu
mir ſagten: wo iſt nun dein Gott?" —

Im J. 76 ging B. nach Dürkheim; im
J. 77. errichtete er mit groſsem Geräuſch ſein
Philanthropin in Heidesheim. Da er ſich
von iezt an mehr mit den Angelegenheiten
ſeines Erziehungs-Hauſes, als mit ſeinen Superintendur - Geſchäften befaſste, auch die
meiſte Zeit in Heidesheim zubrachte,
ſo übertrug er die Paſtoral - Geſchäfte dem
Frühprediger Schöll, der auſſer freyer
Wohnung in der Superintendur keine Belohnung dafür von B. erhielt, vielmehr an B.
für Wein und Frucht einen beträchtlichen
Verluſt erlitt. Seine Sonntags-Predigten war-
tete er zu Dürkheim ab, doch lieſs er auch

zu

zu Zeiten feine Heidesheimifchen Profefforen
für fich predigen. Im Anfang des May im J.
77. wurde das Philanthropin eingeweiht. B.
hielt eine Rede, worin er zu beweifen fuchte,
dafs feinerer oder gröberer Eigennutz die be-
wegende Urfache von allem Dichten und
Trachten der Menfchen fey, und davon den
Übergang auf die Jugend machte, welche
einzig durch Belohnungen zur Erfüllung
ihrer Pflichten könnte und müfste gebracht
werden! "Ich verdenke es auch keinem
Menfchen, fetzte er hinzu, wenn er feine
Handlungen nur nach Eigennutz einrichtet.
Macht doch unfer Gott es felbft fo!" Eine un-
verfchleyerte Schilderung des tumultuarifchen
Feftes und der dabey vorgefallenen Unordnungen fteht in der Reife v. Mainz nach
Köln, zweyte Beylage S. 130 ff. In der Errichtung diefer Anftalt hatte fich B., wie bey
allen feinen Unternehmungen, übereilt; daher
die üblen Folgen, dafs, als die Lectionen ihren Anfang nehmen follten, grofse Unord-
nung und Verwirrung herrfchte. Es fehlte
faft auf allen Seiten; die Kinder bekamen nicht
zur rechten Zeit ihre Uniformen; die Oekono-
mie war noch nicht in gehörigem Stande;
Schulbücher, Landkarten fehlten. Gleich
nach der Einweihung reifte B. nach Dürkheim, und die fich felbft überlaffenen Profefforen geriethen aus Mangel an Ober-Auflicht

und

und beftimmter Anordnungen mit einander
felbft in Händel. Welche Anarchie in diefem kleinen Reiche gleich im erften Monate
feines Entftehens herrfchte, davon giebt folgender durchgreifende Auffatz B, felbft Zeugnifs,
der als ein wichtiges Actenftück zur Gefchichte des Heidesheimifchen Philanthropins hier
aufgenommen wird, und von Erziehern und
Directoren von Erziehungs - Häufern nicht
überfehen zu werden verdient. B. liefs nemlich den 30ften May 77. feinen fämmtlichen
Profefforen folgendes Sendfchreiben einhändigen:

**Gefetze für die Lehrer. des Leinin-
gifchen Erziehungs - Haufes.**

Freunde!

Ich habe nie etwas mit fo inniger
und fühlbarer Bekümmernifs meiner Seele
gefchrieben, als diefe Gefetze. Ich glaubte
anfangs, fo warme und felbftthätige Bieder-
herzen gefunden zu haben, die als wahre
Philanthropen, mit eigenem Eifer, das Befte
des Inftituts gemeinfchaftlich fördern, und
mich des Gebrauchs aller gefetzgebenden
Gewalt überheben würden. Allein ich fehe
mich jetzt genöthiget, den Ton eines vertrauten Freundes einige Augenblicke zu unter-
brechen, und mit der Stimme des Ernftes Ih-

nen

nen zuzurufen: "Noch einige Wochen fo fort
"gelebt, und das Philanthropin ift zu Ende."

Glauben Sie mir oder glauben Sie mir
nicht, — unfer Inftitut ift in dem allerfchlech-
teften Credit. Selbft unfere Freunde hören
fchon allmählig auf, unfere Sache zu verfech-
ten. Denn jedermann fiehts, dafs es nicht
Philanthropin ift. Und ich felbft fehe
es, und fehe es mit blutendem Herzen. Keine Auflicht über die Kinder. — Keine Ordnung in und zwifchen den Lectionen. — Keine fichtbare Vollkommenheiten des Vortrags.
— Keine Reinlichkeit. — Keine Sittenbil-
dung. — Kein Umgang der Lehrer mit den
Schülern. — Keine gute Beyfpiele unter den
Lehrern felbft. — Kurz es fehlt alles, was
wir dem Publikum mit Geräufch verfprochen
haben, und alle Welt nennt uns Windma-
cher und Heuchler. Ich will jetzt keinen
einzelnen unter Ihnen loben, oder fchelten,
weil es noch nicht meine Abficht ift zu be-
trüben, fondern nur zu war'nen, ob ich
gleich den oder jenen geheime Beobachtungen
feiner Handlungsweife vorhalten könnte,
über die er vielleicht erftaunen würde. Ich
will Ihnen nur fagen, dafs ich noch einige
Wochen Zeit habe, mich zu entfchliefsen,
ob ich das Philanthropin aufheben, oder es
mit meift neuen Männern befetzen will.

Laf.

Laſſen Sie ſich das nicht zur Erbitterung leiten. Ich erkenne und ſchätze den Werth eines jeden. Ich weis, was jeder unter Ihnen für einen Grad von Achtung verdiene. Aber ich weiſs auch, daſs keiner vollkommen iſt, was er ſeyn ſoll, und da ich jetzt noch keinen angreifen will, ſo müſſen Sie mir erlauben, daſs ich allen einerley ſage, ob es gleich nicht jeden in gleichem Grade angehet. Denn ich bin im äuſſerſten Gedränge. Ich ſehe mich und Sie in der gröſsten Schande. Und ich eile mich und Sie zu retten. Und dieſs will ich jetzt mit ſolchem Eifer durchſetzen; daſs wir entweder in 14 Tagen Philanthropin haben, oder ein Drittel von Ihnen iſt verabſchiedet.

Vom Unterricht.

Unſer Unterricht iſt noch das Beſte im Philanthropin. Doch fehlt ihm das Sokratiſche bey den meiſten. Ein jeder muſs ſich ſo präpariren, daſs er im Stande iſt, zum populärſten Ausdrucke ſich herabzulaſſen, die leichteſten Beyſpiele zu wählen, und durch beſtändige Unterredung mit den Kindern die Begriffe zu entwickeln. Leſen ſie meine Abhandlung von der Sokratiſchen Lehrart. Ich verlange nicht, daſs Sie dieſe vollkommen ausüben. Aber ich verlange, daſs Sie ſich Mühe geben, und nach und nach zur Voll

kom-

kommenheit sich emporschwingen. Wer es
gar nicht will oder kann, ist nicht für —
Heidesheim. Denn einmal ists im Plan ver-
sprochen, und meine Pflicht ist, darüber zu
halten. — 2) Die Lectionen müssen präcis
gehalten werden. Sie müssen mit dem Schlag
anfangen, und geendigt werden. Der Lehrer
muſs nicht auf ſich warten laſſen, ſondern er
muſs ſchon bereit ſeyn, die Schüler, wenn
die vorhergehende Lection aus ist, mit ver-
gnügter Miene (recht als ob er ſich freute,
daſs er wieder von der Materie mit ihnen
ſprechen kann,) in Empfang zu nehmen,
und ſie Hand in Hand nach dem Lehr-
zimmer zu führen. — 3) Kein Lehrer ſoll
auſſer dem Fall einer Krankheit, oder einer
ausdrücklichen Erlaubniſs vom Curator ſeine
Lection auſſetzen. — 4) Ein jeder ſoll jede
Ungezogenheit dem Schüler in den Lectionen,
erſt mit Güte erinnern, und dann mit dem
lauten Ausdruck: Ihr ſehts alle, daſs er nicht
folgen will, notiren; aber nie ſtrafen, oder
mit Stockhaus drohen, und die Kleinen fürchten, die Groſsen aber lachen machen. Nichts
wird auf der Stelle beſtraft als Widerſetzlich-
keit, und da erfolgt Stubenarreſt in der Spiel-
ſtunde, deſſelben ganzen oder nach Proportion
des folgenden Tages, wo den Verbrecher ein
Penſum zum memoriren aufgegeben wird;
doch ſoll der Strafende ſich dabey mit den

übri-

übrigen Lehrern befprechen. — 5) Alle
Schreib - Materialien, die in den Lectionen
gebraucht worden, foll der Lehrer felbft in
Verwahrung haben, und mitnehmen, wenn
die Lection aus ift, und wiederbringen, wenn
fie wieder gehalten wird. — 6) Jeder Lehrer foll fich das gedruckte Gefetzbuch bekannt
machen, um von künftigem Montag an die
Verordnung wegen der Billets genau zu be-
folgen.

Von der Sitten - und Tugend-
Bildung.

Hier, Freunde! fiehts noch fürchterlicher
aus. Hier liegen wir bey der ganzen Nach-
barfchaft in der tiefften Schande. Die Lehrer
felbft follen Mufter der Kinder werden, und
finds noch nicht. Ich mufs es alfo zum Gefetz machen, dafs fie es werden, oder ich
mufs mich meines Rechts bedienen, und jeden entlaffen, der es nicht werden kann oder
will.

1) Jeder Lehrer ift gehalten, zur Mittagsmahlzeit fo reinlich und propre zu kommen,
als es immer möglich ift; bis Mittag ift es erlaubt im Negligée zu feyn. — 2) Jeder Lehrer foll fein Zimmer fo fchön und fauber halten als ein Vifiten- Zimmer, er wohne allein
oder bey Schülern; und der Infpector foll alle
Lehr-

Lehr - Zimmer gleich der Schüler - Zimmer
täglich vifitiren, und die Unreinlichen mir
anzeigen. — 3) Kein Lehrer foll fich mit irgend
einer Perfon im Schloffe, am wenigften mit
feinen Collegen, in Gegenwart eines Eleven
zanken. Wer diefe Gräuel ein einzigmal be-
geht, ift *eo ipfo* verabfchiedet. — 4) Die
Lehrer follen fich im Angeficht der Schüler,
befonders bey Tifche, der feinften Sitten be-
fleifsigen, und äufserlich einander mit Achtung begegnen, die mit Merkmalen der herz-
lichften Freundfchaft vermifcht feyn mufs;
wenigftens zum Schein; obgleich nie wahres Philanthropin feyn wird, wenn nicht unter uns allgemeine Bruderverbindung entfteht.
5) Die Lehrer, fo wenig als der Infpector, follen fich je den Anfchein des Trunks oder einen pöbelhaften fchmutzigen Scherz zu Schulden kommen laffen. — 6) Wenn etwas aus
unferm Philanthropin werden foll, fo müffen
die Lehrer nicht für fich, fondern für die
Zöglinge leben. Sie müffen fie als ihre eigene Kinder anfehen. Man mufs es ihnen anfehen, dafs fie mit Chriftusfinn Kinderfreun-
de find. Sie müffen ihr Vergnügen an Con-
verfation mit den Eleven finden. Jeder mufs
fich einige zu feinen Vertrauten wählen, ihr
Herz zu gewinnen, ihr Innerftes zu ftudieren
und an der Bildung ihrer Seele mit dem Eifer des wärmften Freundes zu arbeiten fuchen. —

chen — Jeder Lehrer mufs ein Journal halten, wo er fich alles fogleich notirt, was er
an Kindern beobachtet — es fey Gutes oder
Fehlerhaftes, und diefes Journal alle Montage
an den Curator zur Einficht übergeben. —
8) Jeder Lehrer mufs auf alle Tritte und
Schritte der Kinder achten, und jedes Feh-
lerhafte, das er fieht, mit Liebe erinnern,
und das Kind vornehmen, auch überall die
Gründe beyfügen, warum er das oder jenes
für fehlerhaft halte. Der Infpector foll ftren-
gere Auficht halten, als bisher gefchchen ift.
Er foll nichts ungeahndet laffen. Soll keine
Favoriten haben, die er fchont, und Mifslie-
bige, die er mit partheylicher Strenge züch-
tigt. — 10) Was die Auficht in den Spielftunden anbetrifft, fo follen fie die Lehrer mit
dem Infpector theilen. Sonntags follen alle
anwefende Lehrer die Kinder zu unterhalten
fuchen. Diefe Mitauficht foll aber darin beftehen, dafs der Infpector mit feinen Mitauf-
fehern die Eleven gleich nach den Lectionen
½ auf 6 Uhr in Empfang nimmt, und fragt:
Kinder was wollen wir machen? Nun ver-
theilen fich die Schüler in Parthien, zum Ke-
gelfchieben, Promenade, oder zu was fie wollen, und mit jeder Parthie geht ein Auffeher.
Fällt zuweilen eine aus, fo ifts denn erlaubt,
auf fein Zimmer zu gehen, wenn ihn nicht fein
Herz felbft treibt, unter feinen Kindern zu

blei-

bleiben. Und diefs Recht foll doch alternative
gebraucht werden. Der Infpector mufs alfo
dafvor ftehen, dafs kein Eleve ohne Auficht
ift. Vor und nach der Mittagsmahlzeit ift der
Infpector allein Auffeher nebft den Herren
Candidaten. — 11) Die Auffeher müffen, fo
wie in den Lehrftunden, alle Ungezogenheiten
erft erinnern, und wenns nicht hilft, notiren.
Dies ift heiliges Gefetz. Wer überführt werden kann, dafs er etwas nicht notirt habe,
mufs fich gefallen laffen, von mir disgouftirt
zu werden. Ich will lieber einen Freund
verlieren, als durch meine Schuld meine Kinder vernachläfsigen und vor der Welt zum
Lügner werden. — 12) Nichts foll auf der
Stelle beftraft werden, als grobe und boshafte
Widerfetzlichkeit. Da erfolgt Stuben - Arreft,
auf gemeinfame Berathfchlagung — 13) Alles was in Lections - und Spielftunden notirt
worden, foll im Senat vorgetragen werden. —
14) Senat wird gehalten jedesmal in der Stunde, wenn der Curator kommt. Das foll die
fürchterliche Stunde heifsen. So wie er
kommt, foll der Pförtner fcharf und lange
läuten. Alles was ift, wenn es auch Lection
wäre, wird unterbrochen. Der Infpector eilt,
die Zöglinge fogleich in den Speifefaal zu ver-
fammeln, und fitzen zu heifsen. Die Maitres
bleiben in dem Speifefaal und fprechen kein
Wort. Curator und Lehrer geben in das

Zeichen-Zimmer und nun wird Lob und. Tadel angebracht. Über wichtige Sachen werden Zeugniſſe der Schüler angehöit. Zuletzt gehen die Lehrer mit dem Curator in den Speiſeſaal und publiciren das Protocoll. — 15) Der Inſpector ſoll ſorgen, daſs nicht länger als ¾ Stunden geſpeiſst werde, und alle Lehrer mit ihm darauf ſehen, daſs die Kinder keine üble Sitten annehmen — z. B. ſich mit beyden Armen aufflegen — welches ich auch an Lehrern ſelbſt noch täglich bemerke. — 16) Inſpector und Lehrer ſollen vom Sonntage an die franzöſiſchen Sprachtage mit äuſserſter Strenge halten. Es ſollen Inſpectoren ſeyn, welche Lehrer und Schüler notiren. Jede. Übertretung koſtet den Lehrer 1 Kreuzer, den Schüler 1 Pfennig. Aber ich wollte nicht, daſs Lehrer die Strafe gering achten. Sie ſollen mit ſichtbarem Eifer ob dem Geſetze halten, und ihre Freude daran finden und den Kindern fenthelfen. — 17) Kein Lehrer ſoll ohne Vorwiſſen des Curators auſser dem Philanthropin über Nacht ſeyn. Wer nicht Ordnung halten und für das Philanthropin leben will, iſt nicht unſer Mann. — 18) Kein Lehrer ſoll Toback rauchen auf den Schlafhäuſern, auch nicht im Speiſeſaal, wenn Geſellſchaft da iſt. — 19) Lehrer ſollen die Gäſte entreteniren, und auch hierin·die Ehre des Inſtituts behaupten. — 20) Jeder Lehrer

rer liefert wöchentlich 3 fchriftliche Pieçen
an den Secretair, der fie zur Unterhaltung
über Tifche vorlefen foll. — 21) Jeder Lehrer foll pünktlich beym Gebet erfcheinen.
Alle diefe Gefetze find unabänderlich heilig,
und ich bezeuge vor Gott, dafs ich feft entfchloffen bin, diefen Gefetzen alle Freundfchaft aufzuopfern, wenn fie nicht gehalten werden. Wer nicht will, verfehe
fich einer fchnellen und unvermutheten Trennung.”

Man fieht aus diefer autentifchen Erklärung des Stifters, dafs die böfen Gerüchte,
welche gleich vom Anfang an über diefe Anftalt ergingen, nichts weniger als ungegründet
oder übertrieben waren. Ungefähr einen Monat
nach jenen von B. mit fpartanifcher Strenge
eingeführten Gefetzen wurde pünktlicher über
Ordnung gehalten, dann aber verfiel alles
wieder nach und nach in die vorige Unord-
nung. Wenn B. einerfeits bisweilen äufserft
ftrenge, vielleicht defpotifch gegen feine Profefforen verfuhr, von denen freylich die
Mehrheit keine liberalere Behandlung zu verdienen fchien, fo hatte er auf der andern Seite
zu viel Nachficht und Geduld mit mehrern
diefer Unwürdigen, ja er verfah es darin,
dafs er oft zu fehr im Tone eines Kameraden
mit ihnen umging, und ihnen felbft zu viele

Blöfsen gab. Indefs ficht man fchon aus dem
obigen Auffatze foviel, dafs B. doch nicht un-
thätig war, der Anftalt eine gute Einrichtung
zu geben, und dafs ihm die Erziehung der Kinder, wenn auch aus eigennützigen Triebfedern, am Herzen lág. Unter andern nützlichen Einrichtungen, die er machte, rühmt
man, dafs die Gerichts- und Senats-
Tage, die im 10ten Abfchnitt des philanthro-
pinifchen Erziehungs-Plans befchrieben worden, von recht grofsem Seegen gewefen find.
Was die dortigen Leibesübungen anbetrifft,
fo giebt ein ehemaliger Zögling der Anftalt
folgende Auskunft: "Künftliche Übungen
wurden in Heidesheim wenige gehalten. Man
überliefs die Zöglinge der lieben
Natur. Ein grofser Garten diente zum Gehen und Laufen; ein Schlofsgraben zum Fahren auf dem Kahn und mit Schlittfchuhen.
Aufserdem war im Schlofshöfe eine Mafchine
zu einem Carroufel. Das war unfere Gymnaftik." Nur fchade, dafs fich B. durch zu
viele Nebendinge zerftreute und allerley Spe-
kulationen machte, wovon einige zu feinem
Vortheil, andere zu feinem Nachtheil gereich-
ten. So machte er in feinen Heidesheimer
Intelligenz-Blättern bekannt, dafs er *Leyferi
Meditationes ad Pandectas*, eilf Bände in 4.,
nachdrucken und den Vorausbezahlenden für
11 Fl. überlaffen wolle. Das ganze Werk
follte

follte in Zeit eines halben Jahres fertig feyn.
So augenfcheinlich es war, dafs man 11 ftarke
Quartbände weder in fo kurzer Zeit drucken
noch um 11 Fl. geben könne: fo liefsen fich
doch manche Leute bethören, fchickten ihre
Carolins und erhielten nichts. Gögel druckte
zwar den Leyfer, aber wer ihn haben
wollte, mufste ihn diefem bezahlen.

Ungefähr in diefe Zeit fällt eine Gefchichte, die zwar Bs. Unehre verkündigt,
aber darum, weil fie mit vielen gehäffigen
Zufätzen verbreitet worden ift, der Wahrheit
gemäfs erzählt zu werden verdient. Ein
Wahrheitsfreund, der feel. Pfarrer Böhme
in Heidelberg, mag fie felbft in feiner eignen
Art fich auszudrücken erzählen: "Dafs einft
eine Dienftmagd des Heidesheimer Philanthropins aus Bs Lenden eine Ambe gezogen und
mit 2 Mädchen niedergekommen ift, die erft zu
Hochfpeyer, dann zu Worms in der Koft waren, hat feine Richtigkeit. Jene Perfon war
übrigens brav und ehrlich und ihrem Herrn
mit treuem Dienft ergeben. Nach Bs Entfernung von Heidesheim fprach ich fie bey einem meiner Freunde, der mit B. über ihre
Bedürfniffe korrefpondirte. Merkwürdig ift
es, dafs fie fich nie über B. beklagte, ihn immer nur bedauerte, ob er gleich nicht mehr
im Stande war, fie nach Gerechtigkeit zu ent-

fchä-

fchädigen; denn er und fie waren itzt fehr
arm. Es war überaus rührend, von ihr die
Worte zu hören: Es ift wahr, der Doktor hat
mich fehr unglücklich gemacht: aber Gott
weifs, er war doch ein braver Mann. Wenn
ihn Gott nur fo glücklich machte, dafs er mir
etwas weniges für meine armen Kinder
fchicken könnte! — Nun er that auch was er
konnte. Bey feiner fchwarzen Armuth, die
er anfänglich in Halle litt, fckickte er ihr
doch was er erübrigen konnte!"*)

. Als

*) Die Schickfale diefer Bahrdtifchen Zwillinge
find zu rührend, als dafs die Erzählung derfelben an diefer Stelle nicht follte gerne gefehen
werden. Ein kinderlofer Schuhmacher, Namens
Scbüler in Hochfpeyer übernahm die Verpflegung beider Kinder und bekam 50 Fl. voraus-
bezahlt. Da er mit feiner Frau fehr viel Freude
an ihnen hatte und fie mit der gröfsten Sorgfalt
verpflegte: fo trat der Klofterheininglfche Schaff-
ner Graf in Grünftadt, ein Vertrauter Bs, ein
cynifcher, ausfchweifender Menfch mit dem
Schuhmaher in Unterhandlung und bot eine ge-
wiffe Summe, wenn diefer die ganze Erziehung
der Kinder übernehmen wollte. Der Schufter
verftand fich endlich dazu, gegen eine unbedeu-
tende Summe die Kinder zu behalten. Da er
aber

Bahrdt. 55

Als B. im Spätherbſt des J. 77. um ſeinem Philanthropin aufzuhelfen, das ſchon zu
ſinken anfing, eine Reiſe nach Holland und
England machen wollte, fehlte es ihm an
Geld dazu. Der Kammerrath Schollen-
berg

aber gar kein Geld bekommen konnte, ſah er
ſich genöthigt, die Kinder, wie ſie 2 Jahr alt
waren, abzugeben. Da ihm die Trennung von
ihnen ſo ſchmerzlich fiel, ſo erkundigte er ſich
noch oft mit Theilnahme nach ihnen. Auf einmal waren ſie verſchwunden. Wo er nun aus-
wärts hinkam forſchte er nach ihnen und ſuchte
ſie unter Kindern auf. Endlich kommt er im
Dorfe Ofſtein zu einem Krämer. Ein Kind
ruft ihm zu aller Verwunderung entgegen. Er
erkennt es voll Freude für ſein ehemaliges Pfle-
gekind und hört, daſs es vor kurzem zur Nacht-
zeit bey kalter Witterung vor die Thüre des daſi-
gen katholiſchen Geiſtlichen ausgeſetzt worden
und daſs man es dem Krämer zur Verpflegung
übergeben. Wie er nach Worms kommt, er-
fährt er, daſs auch da vor kurzem ein bey kalter
Nacht ausgeſetztes Kind gefunden und dem
Stadtwachtmeiſter übergeben worden. Er geht
dorthin, entdeckt in dem Findling den zweyten
ſeiner Pfleglinge und zeigt es dem Magiſtrat an,
der das Kind ins Hoſpital bringen läſst. In der

d 4 Fol-

berg, der, wie die andern Mitglieder der
ökonomifchen Gefellfchaft um •diefe Reife
wufste und fie genehmigte, gab ihm alfo Anweifung auf den Juden Löw Bär Ifaak in
Frankfurt, von dem auch B. diefer Anweifung zufolge, equipirt wurde und Reifegeld
erhielt. In der Folge mufste Schellenberg,
auf deffen Anweifung der Jude gehandelt hatte, alles bezahlen. Diefs ift die zuverläffig-
fte und einfachfte Auflöfsung jenes Romans in
Bs eigner Lebensbefchreibung, deffen Auflöfung in der Allg. deutfch. Bibliothek (S. Nekrolog Leben Bs S. 170. ff.) wohl auf einem
Mifsverftändniffe beruht, das hernach aufgeklärt werden wird. Der Jude wird nun ein
blofser Handelsmann und die grofse Unwahr-
fcheinlichkeit, dafs B. fich mit 2 Fl. 50 Xr.
auf eine folche Reife begeben hätte, fällt weg.
Warum hätte B. nach Frankfurt reifen follen,
das ihm aufser dem Wege lag, wenn er nicht
dort hätte Geld heben wollen? Unterdefs mufs

man

Folge hat die Mutter beyde Kinder mit nach
Neuftadt genommen, wohin fie in Dienfte ge-
gegaugen ift. An der Ausfetzung hat B. gewifs
keinen unmittelbaren Antheil gehabt; er war damals, als fie gefchah, fchon in Halle; aber da
er vermuthlich kein Geld zur Ernährung der
Kinder fchickte, hat er doch wohl Anlafs zu jener Unthat gegeben!

man Bn die Ehre laſſen, ſeine Dichtung ſehr
wahrſcheinlich gemacht zu haben, wenn man
folgende merkwürdige Angaben über den
Character jenes Israeliten und ſeine Art Geſchäfte zu machen, aus dem N. T. Merkur 95.
St. 6. N. 4. damit zuſammenhält. Löw Bär
Iſaak, wird dort erzählt, iſt vor 10—12 Jahren geſtorben. Er war Heſſen-Darmſtädt. und
Heſſen - Homburgiſcher Hofagent, und ſtand
mit den gröſsten Handelshäuſern in Geſchäften; ſein Sohn Iſaak Löw Bär, handelt
noch itzt mit ſeinen Söhnen zu Frankfurt.
Der alte war ein offenherziger, redlicher und
bisweilen bis zur Groſsmuth dienſtfertiger
Mann. Er behandelte das Geſchäft, Gelder
in mäſsigen Summen aufs Ungewiſſe aus-
zuleihen, methodiſch, beſtimmte dazu ein
ordentliches Capital, pflegte aber gewöhnlich
eine Summe, die Jemand lieh, nur zum
Theil im Geld, zum Theil in Juwelen aus-
zuzahlen, welche er ſo ziemlich hoch anbrachte und wodurch er doch im Ganzen gewann, wenn er auch manche Summen Geldes
verlor. — Eben daſelbſt wird eine Angabe Bs
gerechtfertigt und beſtätigt: "Man läugnet
Bn ab, daſs ein Ungariſcher Magnat von ihm
ein Lehrbuch für die proteſtantiſche Jugend in
Ungarn hat wollen verfertigen laſſen. Nichts
iſt gewiſſer. Der Magnat lebt noch zu Atſa,
3 Meilen von Peſt, heiſst Gabriel Frhr. v.

Pronay, Obergefpann des Gömörer Komitats. Sein Sekretär, den er deswegen an Bn fchickte, hiefs Chriftian Gotthelf Hoxa, gebürtig von Zerbft." Die Gefchichte von dem Kanonikus Rediger, der Bn. in Mainz zum katholifchen Glauben bekehren wollen, ift auch in den Heidesh. Intell, Blättern erzählt worden.

Den τ. Febr. 78 kam B. von feiner Reife in. Heidesheim wieder an und brachte 9 Zöglinge mit, worunter 2 von London, 5 von Amfterdam, 3 von Cleve und 1 aus Crefeld waren. In feiner Abwefenheit waren mancherley Unordnungen vorgegangen. Er mufste neue Gefetze geben, und fah fich bald darauf genöthigt, fehr ernft und fcharf mit feinen Profefforen in einem Cirkulare zu fprechen, das fich fo anfängt: "Ich habe mich noch nie durch Unordnungen zu Härte und Ungeftüm verleiten laffen. Aber Pflicht und Gewiffen nöthigen mich, ihnen zu fagen, dafs ich für die unlängft bekanbt gemachten und von Ihnen unterzeichneten Gefetze von itzo an fo wachfam feyn werde, als es mir die in Händen habende Gewalt möglich macht etc." Er hatte vernommen, dafs während feiner Abwefenheit unter einigen Zöglingen das Lafter der O. entdeckt worden. Er verfammelte deswegen den vollen Senat, machte einen recht
feyer-

feyerlichen Apparat, liefs die Zöglinge erfcheinen, nahm eine recht wehmüthige Mine,
Ton und Stimme an, und redete ungefähr fol-
gendermafsen zu ihnen: "Ich habe feit meiner Zurückkunft manches Unangenehme hören
müffen, das fich während meiner Abwefenheit zugetragen hat, aber nichts, das mir fo
aufserordentlichen Kummer macht, und mein
Herz mit folcher Wehmuth erfüllt — hier
drehte er den Kopf auf die Seite und wifchte
fich eine Thräne aus dem Auge — als dasjenige, was ich von euch habe hören müffen"
u. f. w. Er war gleich ftark in der Mimik
wie in der Deklamation. B. war bekanntlich feiner Überfetzung des N. T. wegen vom
Reichs-Hofrath von feinen geiftlichen Aem-
tern fuspendirt worden und erfuhr diefes,
als er eben von feiner Reife zurükkehrte. In
diefem Gedränge reifte er nach Giefsen, um
feinen vertrauten Freund, den Kanzler Koch
um Rath zu fragen, wie er fich gegen den
Reichshofrath fchützen könne. Er löfte in
der Durchreife durch Butzbach die Münzen
ein, die er beym Abzug aus Giefsen für eine
geborgte Summe zum Unterpfand zurückge-
laffen hatte, um fie, wie er dem Kanzler
Koch fagte, dem Sohne des Superint. Adolphi zurückzugeben. Diefer war Regierungs-
Rath in Giefsen, aber damals gerade abwe-
fend. Der Kanzler bat, B. möge ihm die
Mü

Münzen einftweilen anvertrauen: B. aber
weigerte fich und nahm den Beutel wieder
mit fich. Auf der Rückreife wurde er in
Frankfurt von einem Gläubiger angegriffen,
der ihn arretiren laſſen wollte; B. gab diefem, um fich zu retten, die Münzen und kam
los; Adolphi aber war um feinen Beutel.
Hicher gehört alfo die Gefchichte, die der
Rec. der Bahrdtifchen Lebensbefchr. in der
Allg. D. Biblioth. irrig in die Zeit verlegt,
wo B. durch Frankfurt nach Holland reifte. (S. Nekrol. S. 171.) Der Gläubiger war
ein ganz anderer als der Frankfurter Jude,
der damals die Anweifung hatte, B. mit Geld
und Kleidungsftücken zu verforgen.

In Bs Lebensbefchreibung Th. 3. S. 380
bis 82. ift eine grofse Lücke, welche
beweilst, dafs ihm das Gedächtnifs untreu
war. Es fcheint nemlich daraus, als wenn
beynahe unmittelbar nach feiner Rückkehr
aus England auch die Endfchaft des Philanthropins erfolgt wäre, da doch diefes wenigftens noch 5 Viertel Jahr lang in ziemlich gutem Stande fortdauerte. Freylich war es bey
dem fich verbreitenden Gerücht von feiner
Entfetzung vom Amte und bey manchen andern innern, die Auflöfung herbeyführenden,
Ereigniffen vorauszufehen, dafs auch diefe
Anftalt über kurz oder lang völlig fcheitern
wür-

würde. Diefes Vorgefühl drängte fich Ba
fehr ftark auf, als wenig Wochen nach feiner
Rückkehr aus Holland die dortigen Eltern ihre Kinder fchon wieder abfordern liefsen. In
diefer Verlegenheit fchrieb er folgenden Brief
an feinen Freund Moufel d. 12. März 78:
"Itzt ifts möglich, dafs ich meinen Feinden
das Feld räumen mufs. Kaiferl. Mandat hatte
meine Ruhe nicht erfchüttert, weil mir noch
immer das Philanthropin blieb, meine Frau
und Kinder vor Hunger zu fchützen. Und fo
lange diefe wohl find, ift mein Herz auch im
tieflten Elend heiter und fröhlich. Aber itzt
fcheint mir die Bosheit auch diefe Quelle zu
verftopfen. Das Mandat hat in Holland den
Gedanken veranlaft, als ob das Philanthropin
zerftört fey Und auf einmal kommt ein Be-
vollmächtigter, der im Namen der Eltern
dib von Holland mitgebrachten Kinder zu-
rückfordert. *) Ich weifs bey Abgang des
Briefes noch nicht, wie die Sache ausgeht.
Allein wenn diefer Streich vollzogen wird, fo
bin ich unausbleiblich verloren. Denn diefs
ftürzt allen Kredit des Inftituts, und eine
Gefellfchaft, die eben im Begriff ift, 24000 fl.
Ac-

*) Es foll ein Frankfurter Rechtsgelehrter gewefen
feyn, der aber einige Reifen hin und her thun
mufste, ehe er feinen Zweck erreichen und die
Kinder wegbringen konnte.

Action für das Inftitut zufammenzubringen,
wird unfehlbar auseinander gefprengt und —
ich ziehe verarmt mit Weib und Kind — wo
Gott mich hinführt. — Was ich dann thun
foll, weifs ich nicht. Nur das weifs ich,
was ich thun möchte, wenn ich könnte. Ich
möchte im fernften Winkel eines unbekannten
Dorfes mein Leben mit den Meinen in ewi-
ger Dunkelheit befchliefsen, wenn ich von
meinen Freunden eine Subfcription auf jährliche 2—300 fl. zu erhalten wüfste. Dafs Sie
etwas dazu beytragen können, fagt mein Herz
und — meine Frau. Ich habe in meinem Leben wenig geweint. Aber jetzt unterbricht
ein Strom von Thränen meine Worte. Können Sie mir bald etwas zu meinem Trofte fagen, fo thun fie es. Vielleicht erhält mich die
Vorfehung. Vielleicht aber bin ich auch in
einigen Wochen dahin. Am dünnften Faden
hängt. — "Den 11ten bis 13ten May 78 wurde
das erfte öffentliche Examen in Gegenwart einiger 100 Fremden und zur Zufriedenheit vieler Anwefenden gehalten, welche fich auch
zur Ausftellung eines vortheilhaften Zeugnif-
fes für diefe Erzichungs-Anftalt vereinigten,
welches B. auf einem eignen Bogen vom öffentlichen Examen u. f. w. drucken
liefs, um dadurch feine Widerfacher zu be-
fchämen und zu widerlegen. Jetzt wurde
das Heidesheimer Intell. Blatt in eine pädaa-
gogi-

gogifche Zeitung verwandelt, an welcher auch die Profefforen thätigen Antheil
nahmen. Wie leicht fich B. feine fchriftftellerifchen Arbeiten machte, wie fchnell ihm
eine Recenfion von der Hand ging, davon nur
ein Beyfpiel, das einer feiner Heidesheimer
Lehrer erzählt: "Ich ging einmal halb zwölf
Uhr auf das Comtoir des Buchhalters und las
da etwas. Nach mir kam auch B. dahin. Er
ftellte fich in einiger Entfernung vor mich
hin und fchrieb. Um 12 Uhr wurden wir
zu Tifche gerufen. B. fchrieb noch einige
Zeilen und dann reichte er mir einen ganzen
gefchriebenen Bogen hin mit den Worten:
da fehen Sie den allzeit fertigen Schriftfteller
Bahrdt. Ich las. Es war eine gutgerathene
Rec. einer theologifchen Schrift für das Intel-
ligenz - Blatt." Unter den Profefforen und
Mitarbeitern an der Heidesheimer Zeitung
war auch ein empfindfamer und fchöner Geift,
den B. in feiner Lebensbefchr. nach dem Leben gezeichnet hat. Diefer recenfirte unter andern des Mahlers Müller, Adams erftes
Erwachen und erfte felige Nächte
im Int. Bl. 78. St. 119. Um dem Verf. das
Ueberfpannte, Tändelnde und Tadelnswerthe
diefer Anzeige einleuchtend zu machen, nahm
er diefe Recenfion in einer launigten Stunde
und in Gefellfchaft mehrerer Lehrer vor, deklamirte fie ihm fehr emphatifch, analyfirte
die

die fchöngeifterifche Empfindeley und machte
vorzüglich auf das in 14 Zeilen achtmal fehr
auffallend angebrachte fo, welches B. vorher
unterftrichen hatte, aufmerkfam. Die Rec.
ift fehr charakteriftifch. Da fie kurz ift, möge fie zur Rechtfertigung der Bahrdtifchen
Urtheile hier ftehen:

"So ganz in die feelige Unfchuld jener
erften Zeit, in jenes erfte Anftaunen einer
neuen Welt, in den Drang fo mannichfaltig
abwechfelnder Empfindungen, in die fo ganz
patriarchalifche Einfalt, ohne Leere, und ohne
Ueberfpannung — fich hinein zu denken, fo
den erften Gott heiligen, ganz offenen, ge-
nieffenden, des Genuffes überfrohen, in der
Fülle des Gefühls, der Anbetung hinfinken-
den — Adam fo ganz hinzuftellen, dafs man
flugs Raphael drunter fchreiben könnte, unter
das Gemälde, — kann Müller. Da verfetz ich
mich fo ganz in die fluchlofe Welt, (der
Dichter führt mich Hand in Hand;) wie fo
alles noch Gottes Bild trägt, Gottes erften
Hauch noch, fehe den Gottesgefchaffenen, fo
in dem Gefühl feiner Schuldlofigkeit, feines
innigften Anftaunens, unter einer Welt hul-
digenden erkennenden Thiere wandern, —
füffes Raufchen des Goldftroms, und wie fo
Engel — Engel Halleluja dem Allgütigen
jauchzen in Edens fchönfter Infel; — und
Thräne an Thräne fliefst über meine Wange.

Und

Und alle Scenen, mit dem warmen glühenden Kolorit eines Rubens.

Mir ist Adams erstes Erwachen lieber, behaglicher, als der Tod Abels, lieber als Noah.

Ueber Inversionen kritisire der phlegmatische Kritiker der Sprachkunde; für ihn sind des ersten Erwachens Seligkeiten verlohren.

Morgenländischer Sprache Kern und Schwung, und Fülle finde ich.

Die Beschreibung der Thiere, Adams Einsamkeit und Sehnen nach dem im Traum erschienenen göttlichen Bild Evens, hab ich mit Rötel unterzeichnet.

Wenn so der Elephant zur Huldigung aufzieht, und in seinem Schatten, ehrfurchtsvoll und staunend, Heerden neben ihm zur Begleitung mit einher ziehn, so ist das eine Idee, die meine ganze Seele austreibt." — —

Den 12ten Jul. 78 wurde Kommunion gefeyert, wovon die überaus merkwürdige Einrichtung im 7 und 8ten St. der pädagogischen Zeitung ausführlich beschrieben ist. Zum Beweise, mit welchem Eifer das Phi-

lanthropin noch fortgefetzt wurde, würde
das Infpectionsbuch dienen, in welches
alle Zeugniffe und Bemerkungen über die
Zöglinge eingetragen wurden, wenn es fich
noch irgendwo finden follte. Wahrfcheinlich
hat es der brave Heidesheimifcho Profeffor
Keck mit nach Weilburg genommen, wo er
Prorektor wurde. Aber auch die monatlichen
Zeugniffe Bs, von denen der Paft. Geiger
fowohl aus diefer, als aus der vorhergehenden
Zeit noch einen grofsen Vorrath befitzt, können als Proben von Bs Beobachtungsgeift und
Thätigkeit in Behandlung feiner Zöglinge dienen. Diefe Zeugniffo entftanden aus den Be-
richten des Infpectors, welches Hr. Geiger
war, der übrigen Lehrer und aus den eignen
Beobachtungen und Erfahrungen Bs. Ein
paar folcher kurzen, aber charakterifilirenden
Zeugniffo fetze ich hierher. "D. ift fleifsig
und ordentlich. Aber er verläfst fich zu fehr
auf feine Naturgaben und befinnt fich zu wenig, dafs diefe eigentlich kein Verdienft find.
Das erfte macht ihn flüchtig in feinen Arbeiten. Das letztre eitel und zuweilen herabfe-
hend auf andere. Uebrigens wünfchen alle,
die ihn lieben, dafs er über fein Herz wachen
und fich feft überzeugen möge, dafs die glän-
zendften Eigenfchaften ohne ein gutes und rei-
nes Herz weder ausdauernde Achtung der
Menfchen, noch wahre Beruhigung geben."
"J.

"J. wird wegen feines Fleifses von allen gelobt. Aber noch ist er in feiner Laune zu
ungleich. Daher kommts, dafs feine verdriefs-
lichen Stunden feinem Charakter zuweilen
den Anstrich des Tückischen geben. Er hat
deswegen nöthig, in folchen Stunden aufmerkfam auf fich zu feyn." "S. ift gut und
fleifsig. Auch der Schein der Eitelkeit und
des Stolzes hat fich gemildert. Aber er ift
noch fehr eigenfinnig, d. h. Sklav feiner Laune,
der felbft nicht Macht hat, etwas zu wollen, fobald feine Laune nicht will." Den
25ften Auguft war im Inftitut die erfte Feyerlichkeit in ihrer Art, indem ein Zögling (wo
ich nicht irre, Köfter aus der Pfalz, der
hernach fich als Dichter bekannt gemacht hat
und itzt Prediger ift) den Orden und einige
andere das Acceffit erhielten, wozu B. eine
Rede hielt. Um diefelbe Zeit hatte aber B.
den Verdrufs, dafs einer feiner thätigften
Freunde und Wohlthäter, Kaufmann Trieft
aus Amfterdam, auch feinen Sohn, der vom
Anfang an im Philanthropin gewefen, unter
einem gewiffen Vorwand zurücknahm und
aufhörte, Bs Freund zu feyn. Das fonderba-
re Benehmen diefes Mannes und die durch
ihn wahrfcheinlich noch mehr in Umlauf ge-
kommenen böfen Gerüchte vom Heidesheimer Philanthropin reitzten Bs Unwillen fo
fehr, dafs er den ganzen Hergang der Sache,

wahr-

wahrfcheinlich nicht ganz nach der buchftäb-
lichen Wahrheit in der pädagogifchen Zeitung
St. 10 und 11 S. 74—86 umftändlich erzählte.
Wenigftens fticht dagegen gar fehr die eigne
Erzählung des Kaufmann Trieft ab, die fich
in folgender, gegen B. und fein Philanthropin
gerichteten, Schrift befindet: Der wahre
Charackter des Hrn. D. C. F. Bahrdt.
In vertrauten Briefen gefchildert von einem
niederländifchen Bürger an feinen Freund in
London. 1780. 80 S. in 8. In diefer Schrift
find auch verfchiedene Briefchen von B. an
Hrn. Trieft abgedruckt.

Im J. 79. fing das Inftitut immer mehr
zu finken und fich feinem Ende zuzuneigen
an. Diefe Ausficht in die Zukunft machte
ihm mitunter trübe Stunden, in denen ihn
doch immer Projekte für die Zukunft be-
fchäftigten und ihn fo wieder bald in angenehme Träume wiegten. In einer folchen
Stunde ging er einmal ganz allein mit einem
feiner Lehrer in einer Gegend des Schlofsgar-
tens fpazieren, wo junge Bäume gepflanzt
waren. Wer wird wohl, fing er an, von diefen die Früchte geniefsen? Vermuthlich folche, war die Antwort, die fie nicht gepflanzt
haben. B. fich umfehend und den Platz mit
den Augen meffend: Oft habe ich mir fchon
gewünfcht auf einer einfamen Infel meine
übri-

übrigen Tage zu bringen zu können, wo ich
nur fo viel bebautes Land benützen könnte.
Gern wollte ich alsdann auf alle übrigen Gü-
ter Verzicht thun. L. Und was denn da
treiben? B. Mein Syftem frey und ungeftört
aushecken. L. Aber wie ftände es dann um
den lieben Kanafter und die übrigen Bedürfniffe? B. O, Sie glauben nicht, was ich
kann, wenn ich einmal eine philofophifche
Grille in etwas gefetzt habe. Ich habe es
fchon öfters verfucht, ob ich nicht ftark genug wäre, wenn es feyn müfste, mich von
diefem oder jenem zu entwöhnen, und habe
jedesmal den Sieg davon getragen! Mit diefer Unterredung von der Infel, auf welcher
B. zu leben wünfchte, hängt genau folgende
komifche Scene zufammen, welche ich den
verftorbenen Pfarrer B ö h m e um fo lieber in
feiner launigten Art vortragen laffe, da fie zugleich als ein Beytrag zu Böhme's Charakte-
riftik im Nekrolog (1794. I, 100) gelten kann.

"Bahrdt, erzählt Böhme, war äufserft
empfänglich für jedes, ihm auch nur von
fern anlächelnde Projekt. Er glich hierin einem fruchtbaren Weibe. Im Augenblick
fixirte fich in feiner durch Sinnlichkeit ver-
wöhnten Seele eine angenehme Idee; eben feine Sinnlichkeit verurfachte es aber auch, dafs
fich fogleich hundert andere verwandte füfse
Vorftellungen damit affociirten und fo ftund

e 5   in

In einem Nu das prächtigste Luftgebäude da,
dem weiter nichts als — Realität fehlte. Dann
lebte und webte er für fein Lieblingskind,
begann bey feltener Selbftverläugnung mit
wirklioh grofsen Aufopferungen, mit raftlofer
Ungeduld, und mit Anwendung feiner ganzen Kraft die Ausführung feines Plans. Aber
felten gedieh das Kind, welches feine Phantafie empfangen hatte, zur reifen Frucht. Er
gebahr faft lauter Embrios, und manchmal
mufste er erleben, dafs fie ihm noch am Tage
der Empfängnifs wieder abgingen. Hier, zu
deffen Beweis, eine merkwürdige Gefchichte,
deren Auftritte man fich ganz vergegenwärti-
gen mufs, um das Auszeichnende und Cha-
rakteriftifche darin zu fühlen. Einft befuchte
mich Bahrdt von Heidesheim aus zu
Frankenthal, wo ich damahls Pfarrer war,
an einem heiffen fchwülen Sommertag. Er
nahm das Mittagsmahl bey mir ein und
eben war ein benachbarter guter Freund,
welchen Bahrdt fehr wohl leiden konnte,
R** Pfarrer zu H**, ein rechtfchaffener,
kluger und unterhaltender Mann, zugegen.
Es war um die Zeit, da B. wohl meikte,
dafs fein liebes Philanthropin anfing, fich allmählig auf fein Ende zu bereiten und er felbft
unter Bekämpfung faft unüberwindlicher Hin-
derniffe beynahe erlag. Er redete zwar kein
Wort von der Ahndung eines baldigen Hin-

tritts

tritt feines Infituts, und R** und ich
fchwiegen auch davon und hielten es jetz
nicht für gut, das Mittagseffen mit folchen
Todesgefprächen zu verfauren. Während der
Mahlzeit, die unferm Doctor trefflich fchmeck-
te, äufserte er fich unter andern fo: "Ich
wünfchte mich dem Menfchenfchwarm ganz
entziehen zu können und im Stillen zu leben.
Wenn ich nur irgend eine Infel auf dem
Rheine wüfste in Pacht zu bekommen, welche foviel Land hätte, als zu meiner und der
Meinigen nothdürftiger Erhaltung erforderlich wäre! da wollte ich ein recht patriarcha-
lifches Leben führen, wollte mir eine ganz
einfache niedere Hütte bauen, fo viel Vieh
anfchaffen als ich bedürfte, mich mit den
Meinigen höchft einfach, blos in leinene Kit-
tel kleiden, an meinem Tifche eben fo einfach, ärmlich und nach der Natur leben,
mein Bifechen Feld mit eigner Hand bauen,
meine Kinder daran gewöhnen und fo —
zwifchen ökonomifchen und literarifchen Arbeiten meine Zeit theilen! — Der Menfch
braucht äufserft wenig. Man kann fich an alles — an die einfachfte Lebensart gewöhnen
und fogar Vergnügen daran finden. Unfere
gröfste Delicateffe wäre dann frifche Mayen-
butter auf kräftigem nahrhaftem Roggenbrod.
Freund! das würde fchmecken!" — Hier
nahm feine Imagination fchon einen höhern

Schwung.

Schwung. Er fing an zu glühen, dachte fich
ganz in die abrahamitifchen Zeiten hinein,
und die frifche Maybutter kam fo oft vor,
dafs ich ihn endlich erinnern mufste, es, fey
doch nur Ein Maymond im Jahr und er könne
doch jährlich höchftens nur 4 Wochen die
frifche May-Butter-Seeligkeit geniefseu. Da
fah er denn wohl fogleich den *errorem calculi*
ein; aber ein folcher Verftofs war ihm eine
Kleinigkeit. Er lächelte ein wenig darüber,
und fuhr dann ganz ernfthaft fort, fein Ge-
bäude zu vollenden. — "Da wollt ich, fagt
er, ganz abgefondert von Menfchen leben. Nur
meinen vertrauteften Freunden geftattete ich
den Zugang zu meiner Infel. Hierzu würde
ich mir einen Kahn halten; und wenn ich
dann meine Freunde am Ufer des Rheines fä-
he, felbft hinüber fahren und fie abholen.
In diefer Einfamkeit wollte ich erft der Welt
recht nützlich feyn; mit Mufse viel Gutes und
Durchdachtes fchreiben. Das follte denn
durch meine Freunde von der Infel ausgehen,
und kein Menfch müfste wiffen, woher es
käme. Meine erften Arbeiten z. B. wären —
Kanzelmaterialien etc."

Man denke fich hier den trefflichen Redner Bahrdt, den lebhaften Ton, in welchem
er diefes alles vortrug, die ausgefuchten und
ftarken Farben, welche er bey diefem Gemälde

de überall am rechten Ort' anbrachte und wie
fein ganzer Vortrag vom Sanften zum Lebhaften und endlich zum Feurigen in richtiger
Gradation hinanstieg! — Warlich der Traum
war schön! — Und man vergeße nicht, dafs
diefs nicht blós leere Unterhaltung der Tifch-
gefellfchaft, fondern fein ganzer gründlicher
Ernft und fehnlicher Wunfch war , woran
er, wenigftens für felbige Augenblicke, mit
ganzer Seele hieng. · Nun merke man fich:
Eine Stunde von Frankenthal flieſst der Rhein
vorbey, und gerade da war ehedem wirklich
eine ziemlich geräumige fchöne Infel in einer
prachtvollen Lage, welche ganz in das Bahrd-
tifche Projekt pafste, auch von R * * und mir,
da wir beydo in Frankenthal erzogen waren,
in unfern jüngern Jahren wohl mehr mahl
befucht worden iſt. Ich nahm alfo das Wort:
Lieber Herr Doktor! das Ding läſet fich vielleicht gut machen. Nur eine Stunde von hier
liegt eine Infel in der Mitte des Rheines, die
fo und fo befchaffen ift; und ich zweifle
nicht, dafs fie verpachtet werden wird. —
Nun kommt es darauf an, dafs man fich erkundige, wo man fich deswegen zu melden
habe. — Das ift ein trefflicher Gedanke, fagte R**, ich kenne den Platz auch und wüfste
nicht, wo Sie ihn fchicklicher finden follten. —

Hier

Hier fah uns B. mit glühendem Angeficht und grofsen Augen an, und hufch —
war der Doktor fchwanger! fchon lag ihm
die Infel nach ihrer Länge und Breite im
Kopf. Schon beftreicht er fich fein nahrhaftes
Roggenbrod, fchon ifst er die frifche Mayen-
butter. "Vortrefflich, fagte er, wir müffen
fogleich nach Tifch hinaus und den Platz be-
fehen!" Izt wurde der Reft der Speifen mehr
verfchlungen als gegeffen. Izt mufste in aller
Eile der Kaffe herbeygebracht werden. Das
einzige, was B. noch mit gefetztem ruhigem
Anftande that, war das Gebet nach Tifche.
Aber itzt nahm jeder rafch feinen Stab in
die Hand und fo traten wir alle drey, Mittags um 1 Uhr, bey einer drückenden Hitze,
einen Weg von einer ftarken Stunde nach der
gelobten Infel an. Sie allein war auf dem
ganzen langen Wege der Gegenftand des Ge-
fpräches, Da wurden bereits alle Einrichtungen gemacht, die ländlichen Hütten gebaut;
die Zimmer und Kammern eingerichtet,
die Kühe gekauft, gefüttert und gemolken,
das Feld befäet und geerndtet, der Garten be-
pflanzt und mit Obftbäumen verfehen, die Küche für jeden Tag beftellt, die Arbeiten nach
Stunden vertheilt, die literärifchen Gegenftände, welche da ausgearbeitet werden follten,
feftgefetzt, die zum Befuch beftimmten Freunde forgfältig ausgowählt u. f. w. — Dafs
über

über diefes Alles Bahrdt allein das Wort führte und mitunter die frifche Maybutter, deren
er bey jeder Hauptfcene erwähnte, nicht ver-
gafs, verfteht fich am Rande. Nur zuweilen
fprachen wir ein Wort mit und halfen ihm
feine paradififchen Einrichtungen vervoll-
kommnen. Unter diefen fchwärmerifchen
Träumen kamen wir, von Schweife triefend,
unvermerkt an dem Ufer des majeftätifchen
Rheines an, um von da aus, wie einft Mofes
vom Berge Nebo die Herrlickeit des Bahrdtifchen Kanaans zu überfchauen. Hier ftunden
wir nun alle drey in einer Reihe; Bahrdt in
der Mitte. Unfer erftes Gefchäfte war, uns
den Schweifs abzutrocknen. Dann fahen wir
uns um — zur Rechten eine mahlerifche Ausficht gegen das Gebürge, zur Linken Ge-
büfch und Waldung, hinter uns ein unfchul-
diger Bauernhof, der künftige Nachbar des
neuen Tempe, — vor uns auf der andern Seite des Rheins ein artiges Dorf — Alles fchön
und lieblich und — und — ohe! Weg war
die Infel!!! Was ift das?— Man merke.
R. und ich hatten diefe Gegend vielleicht in
15 und mehreren Jahren nicht mehr gefehen.
Mittlerweile hatte der Rhein fein Bette auf
der Seite, wo wir itzt ftanden, erweitert.
So trocknete bald der fonftige Arm zwifchen
der Infel und dem jenfeitigen Ufer aus und
kurz die Infel hatte fich fchon lange mit dem

feften

Feſten Lande vereinigt. Das alles wuſsten wir
nicht, ſondern ſtunden in der gewiſſen Erwartung, die liebe Inſel noch ſo zu finden,
wie wir ſie in unſrer Jugend oft geſehen und
durchwandert hatten. R** und ich ſahen
einander an, jeder den andern mit einem
Blick, welcher eine gewiſſe Unentſchloſſenheit
verräth, da man ſelbſt nicht weiſs, ob man
lachen oder zürnen ſoll. Jeder ſchien dem
andern ſeine Verlegenheit entdecken und ſagen zu wollen: wir haben uns da gewaltig
geirrt und den guten Doktor jämmerlich an-
laufen laſſen. In der That war es auch für
uns beyde ſehr kränkend, einen Mann, den
wir ſchätzten und liebten, wider unſern Willen geäfft zu haben. Itzt wandte ich mich zu ein
Paar umſtehenden Bauersleuten mit den Worten: Ihr guten Leute! Hier war ja ſonſt mitten im Rhein eine ſo groſſe Inſel und darauf
ein ſo ſchöner Wald; wie kommts, daſs wir
dieſe nicht mehr ſehen? — "O Herr, war die
Antwort, die Inſel iſt ſchon lange nicht mehr
da. Sieht denn der Herr nicht, daſs der Rhein
hier wo er ſteht, viel Land weggenommen
hat? da iſt denn die Inſel auf der andern Seite mit dem Land eins geworden, da hat
man die Bäume ausgerottet, und Ackerfeld
daraus gemacht. Das iſt das Stück Feld dort
üben." — Nun war unter uns eine ſo tiefe
Stille, daſs man jede Mücke ſumſen hörte. R**

trat

trat etwas zurück , kratzte fich hinter den
Ohren und fuchte das Lachen zu verbergen.
Ich beobachtete von der Seite genau unfern
Doktor. — Da ftand er nun vorwärts auf
den Stab geftützt. — Seine Perücke fchien
die Tramontane zu verlieren. Sie fträubte fich
von hinten in die Höhe und avançirte vorn
wenigftens einen Zoll breit gegen die Nafe
herunter. Seine Stirne lag in Falten. Er
blinzte, wie wenn ihn der Wind Staub in
die Augen gewehet hätte. Dann verzog er
den Mund, gleich einem, welcher in unzei-
tiges Obft gebiffen oder Zahnweh hat und
doch lachen will, und machte ein etwas wei-
nerliches Geficht, nicht anders, als ob ihm
die frifche Maybutter vom Brod gefallen wäre. — In dem Augenblick aber ermannte er
fich, richtete fich gerad' in die Höhe, fah
heiter umher, reckte den Bauch vorwärts
und fing an hell auf zu lachen, dafs es von einem Ufer zum andern wiederfchallte. Doch
bey diefer ganzen Scene redete er kein Wort.
Jetzt brachte er feine Perücke wieder ins
Gleifs — machte links um und trat feinen
Rückweg fo rafch an, dafs wir beyde Mühe
hatten ihm gleich zu kommen. Mit fo ftarken
Schritten verliefs er einen Ort, wo eins
feiner fchönften Projekte, wie Schnee von der
Sonne zerfchmolzen war. Von dem Augen-
blik an und in der ganzen Zukunft war mir
kei-

keiner Sylbe mehr die Rede, weder von In-
feln noch von Maybutter, und wir hatten
auch die billige Schonung für ihn, deſſen nie
wieder zu erwähnen.   Auf dem Rückwege
war die Unterhaltung freylich äuſerſt mager
und gezwungen, viele lange Pauſen unterbra-
chen das schwerfallige Gespräch; fobald wir
aber in meine Wohnung zurückgekommen waren, wo ſich unterdeſſen Anlaſs zu andern Unterredungen vorfand, wuide das ganze verunglückte Abentheuer mit einem Mahle verdrängt. B. war wieder ſo munter und ver-
gnügt wie vorher, nahm noch einige Erfri-
ſchungen, ſtieg in den Wagen und fuhr guten
Muthes nach Heidesheim zurück."—

Ehe wir B. von feinem Schauplatz in Heidesh'
abtreten laſſen, noch einige Anekdoten die ſich
auf feinen dortigen Aufenthalt beziehen. Der
Geruch feiner Ketzerey lockte öfters allerley
Leute nach Heidesheim, die ihn kennen lernen und etwas von feinen Meinungen hören
wollten.   Unter andern kamen in dieſer Abſicht einmal zwey ſehr orthodoxe Theologen
aus der Nachbarſchaft dahin.   Da man B.
von der Abſicht ihres Beſuchs unterichtete,
ſetzte ihn dieſs in Laune.   Er bewillkommte
die Herren ſogleich, deren einer es bald darauf anlegte, feine Meinungen über verſchiedene Dogmen zu erforſchen, und das Gespräch

                                                    un-

unter andern auf den Artikel **von der Ge-
nugthuung** lenkte. B. wuſte hier ſo fein
ſeine Ketzereyen an die orthodoxe Schaale an-
zukleben, daſs die Herren nicht genug ihre
Zufriedenheit über ſeine Erklärung bezeugen
konnten. Eben ſo wurde ein alter überaus
orthodoxer Kirchenrath von Mannheim durch
perſönlichen Umgang auſserordentlich für B.
eingenommen. Wenn man vom Philanthropin wegen Bs Irrlehren nachtheilig ſprach,
antwortete er: "die Privat-Meinungen des D.
B. haben keinen Einfluſs in den Religions-
Unterricht der Zöglinge. Ich bin ſelbſt einigemal Zeuge davon geweſen, wie die dortigen reformirten Zöglinge gar ſchön und ordentlich nach dem Heidelbergiſchen Kate-
chismus ſind unterrichtet worden." B. hielt
wie überhaupt auf das Abhärtungs-Syſtem,
alſo inſonderheit aufs kalte Baden ſehr viel.
Er lieſs ſeine Zöglinge fleiſsig baden und er
ſelbſt ging im Sommer faſt alle Nacht in Geſellſchaft eines ſeiner Profeſſoren zum Bade
nach einem nahen Bach. Gegen Ende des
Sommers that er den Vorſchlag, jede Nacht
ohne Rückſicht der Witterung und der Jahres-
zeit, das Bad fortzuſetzen, um zu verſuchen,
wie lange man es aushalten könne. Er fuhr
auch wirklich damit bis in die Mitte des
Oktober fort, wo der Verſuch durch einen
Zufall unterbrochen wurde. — Eine Triebfeder

ſeifeiner Reden, Schreibereyen und Handlungen in Heidesheim war die: das Publikum ift ein altes Weib, und: *Mundus vult decipi.* Er bequemte fich alfo nach dem Genius der Zeit.

Im May 79 liefs B. noch das jährliche öffentliche Examen halten, aber am dritten Tage deffelben fah er fich genöthiget heimlich mit feiner Familie davon zu gehen. In Dienheim liefs ihm Rühl im Namen des Grafen eine Summe einhändigen, aber an demfelben Orte ward er von Gläubigern angehalten. In diefer ängftlichen Lage fchrieb er folgenden Brief an feinen Freund la Roche:

"Befter Freund!

Ich bin in Dienheim arretirt, alfo an dem Orte, wo ich das von Hrn. Rühl beftimmte Geld empfing. Ich darf Ihnen nicht fagen, was ich empfinde. Nur wünfchen darf ich, dafs Sie fich über meine Kinder erbarmen und durch perfönliche Interceffion bey meinem Herrn, dem Grafen v. Leiningen, und der Gräfin v. Grumbach in Grünftadt es dahin zu vermitteln fuchen, dafs ich wenigftens ins Land zurückgeholt werde, um nicht an einem fremden Orte weinen zu müffen. Vielleicht können Sie auf diefer Expedition die Herren, welche in meinem Unglück Freude finden, fprechen, und den Conrector Heres

und

und G e i g e r, dazu nehmen, um sie zu überzeugen, dafs ich bonis cedirt und ihnen alles
gelaffen habe, doch am Ende nichts gewinnen können. Gott gebe Ihnen Segen und mir
Muth."

Endlich verfchaffte er fich durch Geld und
Gewalt Freyheit weiter zu reifen. Noch war
er aber nicht in Sicherheit. Als er nach
Grofsen - Gerau, 2 Meilen von D a r m-
ftadt, kam, wo fich die Strafse nach Darmftadt von der nach Frankfurt fcheidet, klagte
er dem Poftmeifter, dafs er von den Katholi-
ken verfolgt werde, und bat ihn, feine Reife-
Route den Verfolgern zu verhehlen. Kaum
war B. von Grofsen - Gerau nach Darmftadt
abgefahren, fo kam ein Gläubiger nach. Diefem fagte der Poftmeifter, B. fey nach Frankfurt, und fo entkam B. glücklich.

Er ging jetzt nach Halle. Er fuchte durch
Freunde als Prof. in Helmftädt, als Bibliothe-
kar in Wolfenbüttel, als Direktor in Gotha
anzukommen. Aber alles mifsglückte. In Halle
lebte er mehrere Iahre als Schriftfteller und Pri-
vatlehrer. Vorzüglich fchätzte man feine rheto-
rifchen und homiletifchen Vorlefungen. In
der Anweifung zur Beredtfamkeit, zur Deklamation und Aktion fuchte er feinen Meifter, fo wie in der Beredtfamkeit felbft. Einft,

ſo erzählen Zuhörer von ihm, eröffnete er eine homiletiſche Stunde mit einem Gebete,
das eben ſo vortrefflich gedacht als vorgetragen wurde. Alle Zuhörer waren innigſt gerührt. Als B. geendigt hatte, fing er laut an
zu lachen, und ſagte den ſtaunenden Zuhö-
rern, er habe ihnen itzt anſchaulich zeigen
wollen, dafs Action bey einem Redner alles
ſey, und dafs er, wenn er dieſe in ſeiner Gewalt habe, auf die Zuhörer nach Gefallen wirken könne, auch ohne die Empfindung, die
er in ihnen hervorbrächte, mit ihnen zu theilen. Was ſeine Vorleſungen über den Juve-
nal anlangt, ſo behauptet ein ehemaliger Zuhörer Bs, Bertelsmann zu Bückeburg,
im Rchs-Anzeiger 95 Bd. 2 N. 191 S. 1901
gegen den Nekrolog S. 183., dafs B. nie mit
Liebe, ſondern immer mit lebhaftem Unwillen die ſchmutzigen Stellen des Dichters er-
klärt habe. Nicht zufrieden mit ſeiner ein-
förmigen und ruhigen Lebensart machte er
bald neue Projekte. Wie ſonderbar die Ein-
fälle waren, auf die er gerieth, davon hier
ein Beyſpiel. Er bat den Hofr. Beireis iu
Helmſtädt ſchriftlich um eins von ſeinen berühmten Recepten, womit er einen Handel
treiben wollte. Beireis ſchickte ihm ein Recept gegen die Gicht, dem er eine auſseror-
dentliche Kraft zuſchrieb. Nun erſuchte B.
ſeinen Wohlthäter um die Erlaubnifs, in den

Ham-

Hamburger Zeitungen bekannt machen zu
dürfen, daſs dieſes Medikament von dem berühmten Beireis herrühre, wodurch er dem
Medikament Glauben und Anſehen zu ver-
ſchaffen dachte. Allein Beireis antwortete ihm,
er möge allenfalls ſagen, daſs dieſes Recept
von einem erfahrnen Arzte herrühre, der viel-
fältige glückliche Verſuche damit gemacht,
aber ihn nennen dürfe er nicht!

Ungefähr im J. 84 oder 85. kam Bn von
ungefähr eine Viſitationspredigt des Paſt. Blumenthal in Micheln bey Aken im Magdeburgiſchen in die Hände, in welcher über
1 Cor. 8, 4—6 die Dreyeinigkeits - und Teu-
felslehre ſo burlesk vorgetragen war, daſs
ſich B. ein groſses Feſt damit machte, ſie in
allen Geſellſchaften herum trug, auf eine komi-
ſche Art commentirte und ſogar in einer gewiſſen Buchhandlung drucken laſſen wollte,
ja für den gedruckten Bogen 5 Louisd'or ver-
ſprach. Allein die Buchhandlung wollte mit
Druck und Verlag nichts zu thun haben.
B. machte bey dieſer Gelegenheit ſelbſt die
perſönliche Bekanntſchaft jenes Predigers den
er nachher zu einer anomaliſchen Trauung be-
redete, hinterging und in Verantwortung
brachte. B. erfuhr nemlich bey einem Beſuch in Lauchſtädt von ſeinem Wirthe, daſs
ein Hr. v. W. bey ihm logire, der ein Fräu-

lein

lein aus Frankfurt entführt habe und mit ihr
copulirt zu werden wünfche. B. überredet
den Wirth gegen Verfprechung anfehnlicher
Belohnung, den Fremden auf feine Perfon
aufmerkfam zu machen, von feinen ausgebreiteten Verbindungen in Berlin zu fprechen,
und ihm bemerklich zu machen, dafs er für
einige 100 Thlr. wohl zu feinem Zweck kommen könne. Hr. v. W. glaubt dem Wirthe,
gibt vorläufig Bn. 300 Thlr. B. verfpricht
alles, und erweckt bald Hoffnung, bald
Furcht, indem er ihm Briefe vorzeigt, dafs
man ihn verfolge. Er ftellte vor, dafs man
nicht allein Unterbediente des geiftlichen Departements in Berlin beftechen, fondern auch
den Chef des Departements gewinnen und
den copulirenden Prediger, der Strafe zu be-
fürchten hätte, anfehnlich bezahlen müfste;
kurz, er erprefste noch 200 Thlr. Nachdem
er das Geld weg hat, reift er mit dem Paare
zu dem P. Blumenthal, drückt demfelben 3
Louisd'or (die leichteften die er ausfuchen
konnte, wie er fich felbft rühmte) in die
Hand, übernimmt alle Verantwortung, und
beredet ihn, die Trauung zu vollziehen. Da
die Eltern der Entführten fich an die Regie-
rung in Magdeburg wandten, fo verfiel Blumenthal in Koften und Strafe. Mit Selbft-
gefälligkeit hat B. diefen liftigen Streich feinen Freunden felbft erzählt.

Ein

Ein neues Projekt befchäftigte ihn wieder
auf einige Zeit, eine Überfetzungs-Fa-
brik der Griechen und Römer, wie er es
mit Recht nennt, der folche Dinge fabrikmä-
ßig betrieb. Er fchrieb darüber d. 28. Nov.
an den Hofr. Meufel: Dank, befter Freund,
für die Wärme, mit der Sie meine Griechen
und Römer aufgenommen haben. Anderwei-
tige, beftimmte Ausfichten habe ich izt nicht.
Meine liebfte ift aber auch meine Ueberfet-
zungs-Fabrik. Geht die gut, fo mag ich kein
Amt; denn ich befinde mich als Einfiedler
beffer als in jeder andern Lage, unter uns ge-
redt. Und eben deswegen bitte ich, mit
Wärme für diefs Unternehmen zu wirken.
Gegen Weihnachten fchicke ich Ihnen ein
Buch, wie eine fchwarze Wolke am
Himmel der Chriftenheit; aber ohne
meinen Namen." Vermuthlich fpielte er damit auf den Kirchen-und Ketzer-Almanach an, zu dem er dàmals Stoff fammelte und in Bezug auf welchen er an einen Freund fchrieb: "Setzen Sie fich und
fchreiben die Zeichnungen aller ihnen je bekannt gewordenen Pfaffen auf, verfteht fich
nur folcher, die etwas merkwürdig Gutes
oder Dummes an fich haben."

Die Lehre des Deismus in und auffer
Halle, fchriftlich und mündlich zu verbreiten

ftreb-

ſtrebte er mit dem ganzen ihm eignen Feuer
und mit einem gegen alles Pofitive in der Religion eingenommenen Gemüthe. Er kam bisweilen von Halle aus nach Leipzig, und prö-
digte auch da auf öffentlichen Häufern beym
Punfchnapfe fein Syftem den fich um ihn herum drängenden Fremden und Studenten.
"Meine Herren, rief er einmal in diefem
Cirkel aus, das mufs ich Ihnen fagen, Chri-
ſtus war felbſt der gröfste Naturaliſt und
Prediger des Naturalismus." Eine Zufammenkunft, die er im J. 85. oder 86 mit dem
Prediger Schulz in Gielsdorf hat,
ſcheint ihn erft völlig zum Deismus bekehrt
zu haben. Er gerieth mit Schulz in einen
lebhaften Streit, worin diefer feinen Determinismus und Naturalismus fehr ernftlich vertheidigte. Der Erfolg war der, dafs er vor
mehreren Zeugen mit einer Art von Betrübnifs geftand, Sch. habe ihm feine letzten Re-
fte von Hochachtung gegen die Bibel und ge-
offenbarte Religion vollends wegdisputirt.
Er kam hernach mit Sch. in Briefwechfel.
Vermuthlich verdankte er auch Schulzen feine
nachherige Anhänglichkeit an das bequeme
Syftem des Determinismus, mit welchem er
fo oft in feiner Lebensbefchreibung feine Fehler und Thorheiten befchönigt. Seine fchot-
tifche Freymaurerey, feine anonymifchen
Schriften, die fich darauf bezogen, feine Rit-
ter-

terfchaft vom flammenden Stern, und hernach
auch feine deutfche Union ftanden im Zu-
fammenhang mit dem Entwurfe einer Deiften-
Sekte, und feine Diffenters in einer anony-
men Schrift wider das Religions - Edikt follten hauptfächlich den Entwurf annehmlich
machen.

Im J. 1787. kaufte B. feinen Weinberg.
"Ich habe, fchreibt Hofr. S p a z i e r in K.
Pilgers Leben, Th. 3 S. 268 f., als näherer Bekannter und eine Zeitlang faft als täglicher
Genofs von ihm, feinen ärgerlichen, aber
durch die Noth entfchuldigten, Uebergang
vom theologifchen Doktor zum Wirthshaus-
Vater mit angefehen, und der luftigen Einweihung feines Weinbergs mit beygewohnt.
Er führte fein Haus auf, rafch und unficher,
wie feine Syfteme; unter unfäglichen Schwierigkeiten, die aber, wie immer, vor feinem
kühnen und, erfinderifchen Kopfe weichen
mufsten." Folgende Anekdote im Spazier
S. 271., die den über Wahn und Aberglauben
erhabnen B. als einen fchwachen, dem ge-
meinften Wahn opfernden Menfchen darftellt,
ift zu merkwürdig, als dafs fie in Bs Lebensgefch. fehlen dürfte. Spazier kam einmal dazu, als B. fich auf feinem Weinberge die Rofe
am Fufse von einem alten Weibe befprechen liefs. Das Weib manövrirte gerade

f 4   mit

mit Zeichen drqm her, als Spazier dazu kam.
B. fafste fich und fcherzte über das, was er
that. "Das Teufelszeug können mir die Herren in Halle fo wenig wegbringen, wie ich
felbft, fagte er. Hilfts nichts., fo fchadets
nichts. Ich habe doch einmal aus Neugierde
fehen wollen, was an dem Bettel ift!" Damit liefs er fich ruhig verbinden und lachte
fich felbft aus. Stellen wir daneben einen andern Charakterzug aus B. Leben, der ihn
uns in einer Stimmung und Empfindung
zeigt, in der man ihn lieben mufs. Einer
feiner Hausgenoffen auf dem Weinberge
brachte ihn von der Poft in Halle ein Päckt-
chen. B. erbrach es und fand eine mit Gold
ftark befchlagene, aus einer Seemufchel und
ihrem Deckel beftehende Schnupftabaks-Dofe,
mit einem Briefe des Inhalts: "Ich bin ein
armer, kleiner Krämer im 'Churfächf. Städt-
chen * * * der aufser Armuth und Nahrungs-
forgen mit einer uoch gröfsern Plage feit langen Jahren zu kämpfen, hatte, die mich oft
des Lebens überdrüfsig machte — mit Reli-
gions-Zweifeln und Unglauben, die mir alle
Ruhe, Freude, Hoffnung und Troft des Lebens raubten. Endlich fiel mir Ihre M o-
r a l*) in die Hände; ich las fie und es ward
Licht.

*) Vermuthlich Bahrdts Syftem der moralifchen Re-
ligion. Zur endlichen Beruhigung für Zweifler
und Denker. Berlin 1787.

Licht und Tag in meinem Verſtande, die Ne-
bel der Zweifel und Unruhe zerſtreuten ſich
und völlige Heiterkeit kehrte endlich in meine finſtre Seele zurück. Ihrer Moral alſo
danke ich dieſs; und liebe ſie darum ſo herzlich. Hier erhalten ſie zum Zeichen meiner
Erkenntlichkeit nicht nur das einzige Kleinod
meiner ärmlichen Hütte , ſondern auch das
einzige , was ich aus anſehnlichen Schätzen
rettete. Bey einem langen Aufenthalte in
Oſtindien hatte ich ſie mir geſammelt, kehrte izt damit hoffnungsvoll nach Europa zurück; das Schiff ſcheiterte; alles ging mir ver-
joren; blos ich wurde gerettet und zugleich
dieſe Doſe, die ich bey mir trug. Sie gehört
Ihnen, denn Sie wurden mein zweyter, mein
geiſtlicher Retter. Nehmen Sie dieſelbe von
einem Sie ewig liebenden Herzen an, das Ihnen nichts beſſers zum Dankopfer darzubrin-
gen vermag.” B. weinte vor Freuden;
und als er ſich erholt hatte, ſprang er mit
Brief und Doſe wie ein Kind in der Stube
herum, faſste den Ueberbringer des Briefes
und ſagte: “Bey Gott, wenn mir der König
1000 Louisd’or geſchenkt hätte, meine Freude
wäre nicht ſo groſs !”

.In der letzten Decade ſeines Lebens
macht die Geſchichte der deutſchen Union
Epoche, welche im J. 87. Bs unbändiger All-
thierey einen neuen mächtigen Umſchwung

gab. Der geheime Finanzzweck davon, war
für die XXII, d. h. für B., der fie alle in feiner Perfon vorftellte, berechnet, um durch den
Orden zu gewinnen, um feine Schriften noch
vortheilhafter als auf dem gewöhnlichen Wege in Umlauf zu bringen, um den ganzen
Buchhandel nach und nach an fich zu ziehen.
Die innere Tendenz der Gefellfchaft war auf
wirkfamere Verbreitung der Aufklärung,
mit Anwendung aller Mittel gerichtet welche die genaue Verbindung vieler klugen
und betriebfamen Menfchen aller Art zu
Einem Zwecke darbot. Es follte eine unficht-
bare Kirche feyn, deren Mitglieder von einem
gemeinfchaftlichen Mittelpunkt aus elektrifirt
werden könnten. — "Von diefer Idee war er,
erzählt Spazier S. 273, feitdem fie in feinem
projektirenden Kopfe entfprang, und das war
in einer Nacht, als er vor gichtifchem
Schmerz nicht fchlafen konnte, fo voll, daß
er fie mit aller Raftlofsigkeit verfolgte, die
ihm eigen war. Ich hatte, weil er damals
öfters des Abends mit meiner Gefellfchaft vor-
lieb nahm, die mir manche gute praktifche
Idee einbrachte, und ich ihm mitunter vorlas,
ihn einmal an einem der Abende fpät verlaffen. Kaum war der Morgen da, fo erhielt
ich fchon eine fchriftliche Einladung, von
ihm, doch ja gleich zu ihm zu kommen,
weil er mir etwas Wichtiges zu eröffnen habe.

be. Ich kam. Mit freundlicher, fchlauer
Mine des Mannes, der etwa den Stein der
Weifen gefunden hat, rief er mir entgegen:
"Freund! ich habe diefe Nacht kein Auge zu-
gethan, aber ich bin unterdefs auf einen herrlichen Plan geftofsen. Hören Sie!" Und damit entwickelte er mit Enthufiasmus das
nachmalige Werk in den Grundzügen, und
fprach dabey mit fo beredter Zunge, mit einem folchen Feuer, dafs ich auf der Stelle
von der herrlichen Idee ergriffen wurde, und
nach einigen Tagen nebft noch 4 oder 5 andern bekannten Männern aus und um Halle,
zufchlug und das Werk einzurichten begann.
Die Studenten, deren Orden B. durch fymbo-
lifche Maurerey zu zerftören fuchte und davon
fogar dem Minifter Zedliz fchon vorläufi-
ge Anzeige gethan hatte, wurden von ihm
als felbftbeftaltetem Meifter vom Stule um einen civilen Preis zu allen 3 fymbolifchen
Graden auf feinem Weinberge aufgenommen,
und ohne grofse Umftände machte er fie mit
den Zeichen und Gebräuchen bekannt. Aufser
dafs er vortreffliche moralifche Reden vom
Stule hielt, wo er ganz in feinem Fache war,
wurden die jungen Aufklärer mit Nebenfa-
chen hingehalten. Nach geendigter Loge
ward dann die Ordens - Moral durch Bier
und Branntwein abgeleitet, und der hoch-
würdige Meifter vom Stul fetzte fich, unter

un-

unziemlichen Schwänken, mit den durchs
Feuer geläuterten jungen Ordensbrüdern an
den Lombretifch, oder, ging in die Küche
und half niedliche, gewürzige Würftlein ftopfen! — Das unziemliche, gemifsbrauchte
Maurerwefen ward ihm durch die Loge zu
Halle gelegt. Aber das Werk im Grofsen,
das bis in entfernte Länder hin betrieben
wurde, hatte guten Fortgang. Der ungewöhnlich fchnelle und rafche Beytritt einer
fehr grofsen Anzahl von gelehrten, talentvollen und zum Theil fehr berühmten Männern aus allen Ständen und Fächern, bewies,
dafs man die Idee gut und lobenswerth fand
und fich gute Wirkungen davon verfprach.
Aber freylich, als man durch des leichtfinnigen
Mannes eigne Unvorfichtigkeit und heillofe
Ruhmfucht dahinter kam, dafs Er die Seele
einer folchen Verbindung, dafs die Benennung der XXII eine Lüge fey, und jeder nur
das Werkzeug zu einer elenden Finanz-Speculation abgeben follte: da fchämte fich jeder
feiner Leichtgläubigkeit und fagte fich mit
Verachtung davon los. Als aber gar das Buch:
Mehr Noten als Text, herauskam, worin alles und fogar die ganze Lifte von Namen aller (wirklichen und angeblichen) Mitglieder abgedruckt wurde: da trat einer nach
dem andern auf, und fagte fich nicht allein
von der Gefellfchaft los, fondern betheuerte
auch,

auch, daſs er zwar wohl von der Exiſtenz der
Union erfahren, aber nicht dazu gehört
habe."

Um von der ungeſtümen Betriebſamkeit
Bs und ſeinem ganzen Benehmen in den
Unions-Geſchäften eine anſchauliche Vorſtel-
lung zu geben, mögen hier Auszüge aus einer
Reihe Bahrdtiſcher Briefe aus jener Periode
ſtehen, die ſich um jene Ordensſachen her-
umtreiben. Wie ſehr er ſich auf die Kunſt
der Verſtellung verſtand beweiſen ſeine Briefe
über die Union an den Inſpector Müller
in Calbe, den er doch ſeinen vertrauteſten
Freund nannte, und der wirklich ſein treuer
Freund war; indem er ſein Gutes anerkannte,
mit ſeinen Fehlern Nachſicht hatte, ihm öfters auch bittre Wahrheiten ſagte, zur Aus-
ſöhnung Bs mit ſeiner Frau viel beytrug und
manche Aufopferung für ihn machte. B. be-
redete ihn anfangs durch ſeine Gleisnerey zur
Theilnahme an der Union; aber M. ſah bald
das Gewebe des Finanz-Syſtems durch, lehn-
te die Verſendung der Briefe ab und trat darauf ganz zurück. Sehr wahr ſchreibt einmal
M. an B., er wolle ihm die Moral über eine
gewiſſe Handlung der Unredlichkeit recht leſen, "ob ich es gleich immer mit Dank erkennen werde, was ich aus Ihren Schriften
und aus Ihrem Umgange Wahres und Gutes
ge-

geſchlürft habe, wenn ich auch oft die Mühe
hatte, den Bodenſatz von Dreſtern von
dem klaren Wein abzuſondern." In
der erſten Begeiſterung über ſeinen neugebor
nen Plan der Union ſchrieb er an Müller: "Es
iſt eine Geſellſchaft der angeſehenſten Männer
zu Stande, welche — denken Sie dieſs Wunder — ſich über einen Plan vereinigt hat,
der ein infallibles und von keiner Königs
macht zerſtörbares Mittel enthält, die Vernunft
über ihre Feinde zu erheben und die Aufklä
rung durch die finſterſten Gegenden zu ver breiten. Schlägt ihr Herz noch für dieſen Zweck,
ſo laſſen Sie meine Bitte Statt finden und übernehmen von mir ein Amt, dazu die Geſellſchaft
uns erwählt hat. Ich erhielt den Auftrag,
die Correſpondenz zu beſorgen, und zugleich
einen rechtſchaffenen, klugen und thätigen
Mann vorzuſchlagen, welcher die Verſendung
und Einnahme der Brieffchaften beſorgen
könnte. Ich habe Sie genannt und Sie ſind
einmüthig gewählt worden, und werden nun gefragt, ob Sie für das Beſte
der Menſchheit mitwirken wollen. Ich
bin ſelbſt noch nicht ordentlich recipirt
und verpflichtet, weiſs alſo ſelbſt nichts,
als was in den Avis ſteht, und daſs der Mr.
v. Emminghaus, Preuſſ. Geſandte in Köln,
der Mann iſt, der mit mir darüber correſpon-
dirt. Mit der Zeit aber werden wir beyde
mehr

mehr erfahren. Laſſen Sie uns muthvoll ein-
treten und Gutes thun ohne müde zu werden."
Das Vorgeben von Hrn. v. Emminghaus
war allem Anſehen nach ſo wie das Uebrige·
Erdichtung. B. miſsbrauchte in der Unions-
Geſchichte manche berühmte Namen. Den
12. Dec. 87 ſchickte B. ſeinem Freunde eine
Anzeige zu und ſchrieb dabey: "Leſen Sie
mit Bedacht dieſe Nachricht und dieſen Brief,
dergleichen Ich ſelbſt mit einigen ſolchen
Nachrichten erſt vor kurzem erhalten habe.—
Sd viel betheure ich Ihnen bey dem Gott,
den ich mit Ihnen anbete, daſs die Sache
Realität hat, und daſs zwoy gröſse Männer — denn mehrere kenne ich ſelbſt noch
nicht.— mir Bürge für alles ſind. Iſt Ihnen
dieſs vor der Hand genug, ſo beginnen Sie
nun auf folgende Art zu wirken: 1) ſchreiben
Sie mit erſter Poſt an die XXIImänner)
und ſchlagen darum ein Couvert mit meiner
Addreſſe. In dem Schreiben ſagen Sie: Sie
liebten ihren Zweck und bäten, daſs man Sie
mit dem Plane bekannt mache. 2) Sodann machen Sie ſichs von Stund an zum Geſchäft,
in Ihrem Cirkel von der Geſellſchaft ver-
trauensvoll zu ſprechen, und allen, welche
Freunde der Vernunft und der Aufklärung
ſind, zuzureden, daſs ſie ſich gleichmäſsig
an die Geſellſchaft wenden. Nennen Sie dabey nie meinen Namen. Auch geben Sie
jedem

jedem diefe Nachricht, wie etwas Geheim-
nifsvolles blos zum Lefen. 3) Zugleich fuchen Sie in Ihrem Gedächtniffe alle Ihre aus-
wärtigen Freunde auf, von denen Sie wiffen, dafs fie diefen Zweck lieben und fchik-
ken jedem ein Paar diefer Nachrichten. —
So und nicht anders kann das Werk Gottes gedeihen. Gott erwärme Ihr Herz
für diefes fo augenfcheinlich gute und
wichtige Unternehmen. In kurzem denke
ich, werden wir beyde mehr wiffen und
mit jedem Monate mehr Freude erleben
und im Stillen geniefsen. — N. S. Inftändig
bitte ich Sie , itzt von mir nicht mehr
Auffchlufs zu fordern. Erfüllen fie nun mit
Schnelligkeit meine Bitte, eine Menge Menfchen ins Reich Gottes einzuführen. Sie follen unter Taufenden der erfte feyn, der es
durchfchaut. In wenig Monaten, wenn Sie
und alle Freunde des Guten nur ein wenig
thätig feyn wollen, heifsen wir Legion. Es
ift das Königsfeft im Evangelium. Nur Stille
und Verfchwiegenheit. Kein Name mufs
ins Publikum kommen!" Dem Briefe war
angefchloffen: Copia der mir über-
fchickten französifchen Nachricht.
Durch die Erdichtung von einer französifchen
Urfchrift wollte er vermuthlich glauben machen, dafs die geheimen Obern im Auslande
befindlich wären. Die Nachricht felbft
ift

ift offenbar der erſte. Entwurf der nachher
verbeſſerten Nachricht, wie ſie in der Schrift:
Mehr N o t e n a l s T e x t S. 8 ff. nachgedruckt
iſt. Hier nur einiges Abweichende aus dem
frühern Aufſatz: "Eine Geſellſchaft von 22,
theils Staatsmännern, theils T h e o l o g e n
und einigen Privatperſonen, hat ſich über einen ſeit m e h r e r n J a h r e n (im Gedruckten: ſeit anderthalb Jahren) in Vorſchlag gebrachten Plan vereinigt." Gegen das
Ende heiſst es ſo: "Wer ſich ſchriftlich an
die Geſellſchaft wenden und wenigſtens Bekanntſchaft mit unſerm Plane ſuchen will,
wird ſehr gebeten nicht ungeduldig zu ſeyn,
wenn Menge der Geſchäfte die Antwort ver-
zögern. Daſs man von jedem dieſer Corre-
ſpondenten fordert, daſs er das Briefporto allein trage, und für jeden Brief, den er in
der Folge erhält, 4 Gr. entrichte, wird wohl
Niemand unbillig finden, der erwägt, daſs
die Geſellſchaft ein Sekretariat von 4 Perſonen
unterhält und von keinem Mitgliede dazu, ſo
wie zu keiner andern Ausgabe, Beyträge fordert. In dieſer Rückſicht wird es für die Geſellſchaft, und alle, die ſich an ſie ſchriftlich
wenden wollen, bequem und erforderlich
ſeyn, wenn jeder gleich im erſten Briefe (den
er unfrankirt zu ſenden ausdrücklich gebeten
wird) zur fernern Correſpondenz für Porto
und Sekretariats-Gebühren ſo viel beylegt

als er felbft ungefähr berechnen kann." Die
Antwort Ms war für B. nicht tröftlich. B.
fetzte, daher feinem Freunde nochmals drin-
gend zu d. 24. Dec. 87: "Wenn ich nicht von
dem Gedanken geftärkt würde „ dafs alles,
was die Summe des Guten in der Welt wirklich vermehrt, von einer höhern Vorficht
fchlechterdings durchgefetzt werde, fo hätte
mich vielleicht Ihr Brief fchon muthlos gemacht. Denn überlegen Sie felbft, was ich
mir von dem Fortgang einer Sache verfprechen follte, für welche einer meiner älteften
Freunde, bey meinen heiligften Verficherungen, nicht den kleinften und unbe-
deutendften Schritt thun will? —
nicht feinem Briefe das Siegel aufdrücken —
nicht den verlangten Thaler wagen will?
Glauben Sie denn, dafs ich alle meine Anfprüche auf Ihre Liebe und Schätzung aufs Spiel
fetzen follte? Und, meinen Sie, dafs
ich aller meiner Freunde Liebe und
Schätzung hinopfern werde, um einen Betrug durchzufetzen, der längftens
in ½ Jahre entdeckt feyn müfste! Denn
das können Sie doch leicht denken, dafs ich
an Sie nicht allein gefchrieben, fondern dafs
ich alle meine Freunde für die Gefellfchaft anzu-
werben gefucht habe. Bey Gott, Freund, Sie
find mir allein zu werth, als dafs ich Sie mir
durch eine elende Finte verfcherzen follte.

                                    Und

Und wenn Sie diefs überlegen — wenn Sie dabey die Feftigkeit meiner Seele bedenken,
mit welcher ich für die Aufklärung bereits
gehandelt und gelitten habe — wenn Sie endlich erwägen, dafs ich Ihnen ein wahres
N i c h t s zugemuthet habe, mit Beylegung
eines Thlrs, an die XXIIer zu fchreiben etc.
fo weifs ich warlich nicht, was Sie mag bedenklich machen und bewegen, der Sache
Gottes durch Zögerung zu fchaden. Dafs ich
Feinde habe und daher mit meinem Namen
gar durchaus nicht eingemüfcht feyn will,
verfteht fich ja von felbft. Nur Ihnen und
meinen Vertrauteften habe ich mich genannt.
Laffen Sie mich doch mit erfter Poft erfahren,
dafs Sie blos die Liebe zum Guten belebt,
und dafs Sie noch einiges Vertrauen zu mir
haben. Sie erhalten in kurzem Auffchlüffe,
die Ihnen Freude machen werden." Bekanntlich gehörte es auch in Bs Plan durch eine gelehrte Z e i t u n g das Publikum zu bearbeiten und feinen Werken fowohl als den Schriften der Verbündeten mehr Abfatz zu ver-
fchaffen. Den Plan davon fchickten die un-
genannten XXIIer an ihre Diöcöfane mit folgenden Zeilen: "Wir bitten Sie, würdigfter
Mann, für die in beyliegender Anzeige ange-
kündigte Z e i t u n g fich möglichft zu verwenden. Sie unterftützen dadurch nicht nur
eins der würdigften und eifrigften

Mitglieder der Union, fondern fie lei-
ften zugleich dem Publikum einen Dienft,
in wie fern Sie eine höchft. nutzbare Schrift
gemein machen, für deren Vortrefflichkeit
wir uns zu verbürgen getrauen. Wir erfu-
chen Sie, diefelbe in ihren Gegenden bekannt
zu machen und an alle an Sie als Diöcefan
verwiefene Mitglieder mit gleich dringender
Empfehlung zu verfchicken." B. war natürlich das würdige und eifrige Mitglied der
Union, das die Zeitung fchrieb, von welcher
wirklich einige wepige Stücke gedruckt und
verfendet wurden! Unter den bedeutenden
Männern, die man zu gewinnen verfucht hatte, war auch der Leg. Rath Bertuch in Weimar, welchem man Papiere und Plane anver-
traute. Bertuch machte die Union im Febr.
88 auf die Schwierigkeiten aufmerkfam, die
mit ihrem merkantilifchen Plane, den Buchhandel betreffend, verbunden waren; führte
fie auf die Schickfale der Buchhandlung der
Gelehrten in Leipzig und der Verlags-Caffe
in Deffau; aber das wirkte auf Bs Leichtfinn
nicht. Bertuch hatte verlangt, den vollftän-
digen Operationsplan zu fehen; darauf ward
ihm den 28. Jul. 88 die Antwort: "Der vollftändige Operationsplan ift zur mündlichen Mittheilung beftimmt. Nemlich
wenn wir (was in Jahr und Tag gewifs ift)
unfre erfte epoche vollendet haben, fo veran-
ftal-

ftalten wir mit Ihnen und den eigentlichen Männern der Nation eine Zu-
•fammenkunft, bringen den befagten Plan gemeinfchaftlich aufs Reine, theilen ihn denen,
die der Zufammenkunft nicht beywohnen
konnten, zur Überlegung mit, und — dann
reifen 3 von uns, und ftiften an allen Orten,
wo beeidigte Brr. find, von allen Spiel-
werken gereinigte Logen nach einem
verabredeten Ritual, und die ganze grofse
Mafchine ift (da wir an allen Orten beeidigte
Factors haben) mit dem gemeinfchaftlich
und von einem Centro aus geleiteten Buchhandel auf einmal im Gange." Diefe leeren
Worte konnten einen vorfichtigen und klugen
Mann nicht befriedigen. Er drang darauf
die Stifter und Direktoren kennen zu lernen;
erklärte, dafs er eine helle Bahn liebe, auf
der er wandeln folle, und dafs er mit Nie-
manden gemeinfchaftlich wirken möge, den
er nicht kenne. Da er aber über diefs alles
keine genugthuende Auskunft erhielt, fo
brach er den Briefwechfel ganz ab und erklärte fich in der Folge öffentlich im Int. Bl.
der A. L. Z. 89. N. 20 S. 152 f. über feine
Verhältniffe zur D. Union. Dafs auch der
Infp. Müller in Calbe der Union keinen Gefchmack abgewann, that Bn. fehr weh. Er
äufserte fich darüber unter andern in einem
Billet fo: "Die Union nähert fich dem Gipfel

der

der Vollkommenheit. Alles glühet für fie.
Nur Sie find kalt." Freylich' näherte fie fich
ihrem Gipfel, um defto eher von ihrer Höhe
herunter zu ftürzen. Doch ehe ich zur völli-
gen Auflöfung der Union fortgehe, muß ich
noch einiges aus diefer Periode nachholen,
was vorzüglich fein häusliches Leben und
das Verhältniß mit feiner Frau betrifft.

Die Mißhandlungen, die fie von ihrem
Gatten vornehmlich in den letztern Jahren
erfahren, find fchon im Nekrolog aufs ftrengfte gerügt worden. Sie ift nun todt, und es
fallen die vorigen Bedenklichkeiten weg,
auch ihre vielen Schwächen anzudeuten,
welches man dem Schatten ihres Mannes, deffen Betragen durch das ihrige wenigftens e i-
n i g e Entfchuldigung gewinnt, fchuldig ift.
Alle, welche diefe Frau kannten, fagen ein-
ftimmig aus, fie fey ein höchft grämliches,
eiferfüchtiges, eitles Gefchöpf, voller Anfprüche und Launen, gewefen, die weder einem
Haushalt recht vorzuftehen, noch ihre Kinder
gut zu erziehen, noch ihren Gatten durch
Geift, Herz und heitre Laune zu beglücken
verftanden habe. Sie that fich viel zu gut auf
ihre unverbrüchliche Treue, mit der fie an
ihrem Manne hielt; fie felbft wollte nicht
eher glauben, daß er ihr grob untreu feyn
kön-

könne, bis fein fchmutziges Verhältnifs mit
feiner Chriftine fie davon vergewifferte; fie
liebte ihn mit der ganzen heftigen Leidenfchaft einer Frau von reitzbaren Sinnen und
Nerven, verbitterte ihm aber das Leben
täglich durch Unzufriedenheit, Mifsmuth
und durch beständige Vorwürfe, dafs er fie
nicht liebe. So gewifs diefer leichtfinnige
Menfch feiner Gattin weit untreuer war als
fie felbft ahndete: fo fühlte er doch wenigftens bis an die letzte Periode feines Lebens
in feiner Art Liebe für fie; behandelte fie
mit Höflichkeit, Schonung und Geduld; ertrug ihre Thorheiten mit Vernunft. Freylich
aber war es ihm bey feinem entgegengefetz-
ten Temperament nicht möglich, zu ihrer Empfindeley, zu ihrem Gefchmack fich ganz zu
ftimmen. Mit den Jahren nahm ihre Gräme-
ley zu; die Schickfale und die Aufführung
Bs in Halle und auf dem Weinberge gaben
ihr beständigen neuen Stoff; auf der andern
Seite wurde ihr Betragen ihrem Manne auf
die Dauer immer unerträglicher; der Faden
feiner Geduld rifs. Beyde waren nicht ohne
grofse Schuld. Aber mehr als ein Schritt,
den er fich gegen fie erlaubt hat, ift und
bleibt verabfcheuungswürdig. Man kann
nicht ohne innigfte Betrübnifs und Mitem-
pfindung eine Reihe von vor mir liegenden
Briefen Bs und feiner Frau lefen, die fich auf

die-

diefes Unglück beziehen, und aus denen ich
einiges mittheilen will. Ihre Leiden, fchreibt
fie den 4 Apr. 88 an M., würden fie wahn-
finnig machen, wofür man fie fchon einigemal ausgegeben, wenn fie nicht zum Troft
einen erbarmenden Gott hätte. "Könnte ich,
fetzt fie hinzu, Bande zerreifsen, die mich
noch fo fehr an diefe lieben Kinder und an
den lieben Mann noch, ja noch itzo feffeln,
längft wäre ich vergeffen." Sie klagt über
die nichtswürdige Chriftine, die die ganze
Caffe habe, vertheidigt aber noch ihren
Mann gegen die Verleumdungen, als fey er
Vater von Chriftinens Kinde. Ihr Mann habe ihr dreymal mit der Hetzpeitfche gedroht;
fich von ihr von Bette und Tifch getrennt.
Sie ging bald darauf mit einer ihrer Töchter
zu ihrem Bruder nach Ammern; doch zwang
er ihr noch vorher eine Verfchreibung eines
Theils ihres Vermögens zu Bezahlung feiner
Schulden ab. Nach Ammern fchrieb ihr B.
"Du von der Einen — und Armuth und
Schulden von der andern Seite; nun fo wer-
det ihr doch bald mit mir fertig werden.
Meinetwegen! Sehen wir uns hier nicht in
Friede wieder, fo wirft du es dort fchon er-
fahren, wie unrecht du mir gethan haft und
wie viel dein Starrfinn Zerftörnng angerichtet
hat!" Den 9ten Jun. 88 fchreibt fie an M.:
Sobald der l. Mann nicht mehr zum heil.

Abend-

Abendmal ging, wovon er die erften
zwey Jahre noch mit Elirfurcht fprach,
(fo auch von dem Kirchengehen; aber feit einem Jahre ift er leider mehr als zu leichtfinnig, und nun erlaubte er fich zu Zeiten manche Dinge, auch Reden, die er fonft nie führte); ift leider nun auch Gott von uns gewi-
chen!" An den Infpektor Müller, der das
wohlthätige Mittleramt zwifchen diefen ent-
zweyten Ehegatten verwaltete, fchrieb B. d.
20. Jun. "Es ift ganz unmöglich, dafs ich
Ihnen in einem Briefe das unglückliche Verhältnifs fchildere, in welchem ich mit meiner guten, aber äufserft verirrten Frau
ftehe. Ich bitte Sie inftändig, mich zu befuchen. Dann follen Sie alles erfahren, und —
ich weifs, dafs mich Ihr Herz rechtfertigen
wird, fo wie mein Gewiffen vor Gott ge-
rechtfertiget ift." Indeffen wurde die Verföh-
nung vom Infp. M. lebhaft betrieben und im
Herbft eine Zufammenkunft beyder Eheleute
veranftaltet. Ein fchriftlicher Vergleich war
fchon entworfen; B. fchien zu allem, auch zur
Entlaffung feiner Chriftine geneigt zu feyn
und wollte am folgenden Tage den neuen Ver-
trag in Calbe vollziehen. Allein er täufchte
feine Freunde, indem er vorgab, er habe Hoffnung beym Fürften von Bernburg als Erzieher des Prinzen anzukommen und müffe deswegen nothwendig nach Ballenftedt reifen.

Jedoch

Jedoch beſchloſs er zur Vollziehung des Vér-
trags bey guter Zeit wieder in Calbe zu ſeyn.
Allein er réiſte nach Halle, und der Inſp. M)
muſſte ſein Pferd, welches er ihm nach Bernburg gegeben hatte, von da abholen laſſen,
und hatte Undank und Koſten zum Lohne für
ſeine Freundſchaft. Bs Frau war nun genöthigt, allein nach Halle zu reiſen. B. ſchrieb
noch aus Bernburg d. 15. Nov. 88. an M.
"Ich will von Ihnen und allen Rechtſ-
ſchaffnen und von Gott ſelbſt ein Ver-
worfner ſeyn, wenn ich, mich einer Vorgau-
kelung erinnere. Was ich Ihnen von den
ſchwachen Seiten meiner l. Frau und von der
Schande, die ſie mir in der Welt zugezogen
hat, geſagt habe, iſt und bleibt Wahrheit,
die ich ſterbend noch behaupten werde.
Wollen Sie ſich von Ihr das Gegentheil über-
reden laſſen, ſo kann ichs nicht hindern.
Wenn ich von der Scene werde abgetreten
ſeyn, ſoll die Welt die Geſchichte meiner
Leiden leſen und — urtheilen. Ich habe bey
Gott Calbe nicht abſichtlich vermieden. Da
mich der Fürſt aufhielt, ſo muſs ich den ge-
raden Weg nach Hauſe eilen." — M. bezeugte ihm entweder ſchriftlich oder wie es
mehr ſcheint, durch Schweigen ſeinen gerech-
ten Unwillen. Darauf bezieht ſich denn folgendes Billet von B.: "Iſt es denn Ihr Ernſt,
daſs Sie unſere altgewordene Freundſchaft auf-

                                heben

heben wollen? Ich kann nicht länger ertragen, dafs ich nicht mehr wissen soll, wie ich mit Ihnen dran bin. Sprechen Sie offenherzig. Aber was Sie mir feyn wollen, müssen Sie mir ganz feyn. Mein Herz gegen Sie war noch nie verändert."

Ungefähr um diese Zeit machte B. eine Reise nach Leipzig. Dort bekam er die Handfchrift von Starks bekanntem Apologismos, die diefer in feiner berüchtigten Streitigkeit über den Krypto-Katholicismus zum Druck eingefendet hatte, zufälliger Weife zu fehen und machte fogleich die boleidigendften Anmerkungen dazu. Stark erfuhr noch zum Glück die Unthat kurz vor dem Abdruck, forderte feine Handfchrift zurück und gab das Buch ohne diefe fremden Zufätze im J. 1789 heraus. B. gab feine Beleuchtung des Starckifchen Apologismos. Lpz. 1790 befonders heraus. Jene Handlung B. war an fich fchon äufsers widerrechtlich; aber fie wurde dadurch noch fchändlicher, dafs fie B. an dem Eigenthume eines Mannes ausübte, der fein Wohlthäter gewefen war. Denn, als B. wegen feines Glaubensbekenntniffes verfolgt wurde, intereffirte fich Stark fehr lebhaft für ihn und vertheidigte ihn nicht nur in der Einleitung zu den freymüthigen Betrachtungen über das Chriftenthum, fondern wirkte auch bey Kur-

Lin-

ländern eine Geldunterftützung für ihn aus,
die fich auf einige 100 Albertus-Thaler be-
lief.

Die deutfche Union und das Luftfpiel
über das Religions-Edict brachten den D. B. bekanntlich in Halle in Arreft. Seine Frau wandte alles an, ihn zu befreyen, ja fie wendete
fich felbft in einer Bittfchrift an den König. Er
fchrieb während diefer Gefangenfchaft unter
andern die drey Anreden an die Richter des Dr. Bahrdt. In feinem Gefängniffe in Magdeburg ging es ihm recht
wohl; er afs mit Appetit und bekam oft Lek-
kerbiffen zugefchickt, von denen er mit vielem Wohlbehagen in feinen Briefen an M. re-
det; er arbeitete fleifsig; hatte Befuche von
feinen Freunden; liefs feine ältefte Tochter
mit der Chriftine nachkommen und forgte
durch die letztere abermals für die Nachwelt.
Sein Freund M. gab ihm fchriftlich manche
gute Lehre, wenn fie nur in ihm ein dafür
empfängliches Gemüth angetroffen hätte.
"Ueben Sie nur, fchreibt er ihm einmal,
Ihr Syftem der Moral ftrenge aus, fo werden
Ihrer Freunde in kurzem Legion, und es kann
und wird Ihnen nicht an Leibes Nahrung
und Nothdurft gebrechen." B. ladet den 25.
Jan. 90. feinen Freund zu fich ein: "Das Vergnügen, welches Sie mir durch Ihren Befuch

ma-

machen, ift fchlechterdings unvollkommen,
wenn fie nicht bey mir effen. Eine Mahlzeit
mit einem Freunde weckt erft meine Kraft
mich zu freuen auf. Ohne dafs Sie mit mir
effen, find Sie mir nur halb geniefsbar."
Den 8. März 90, fchreibt er noch aus feinem
Gefängniffe: "Mein Alvaro ift aus der Pref-
fe. Mein Alalama bald, und mein Prinz
Ihakanpol wandert eben hinein." Alle
diefe Romane, fo wie ein Theil feiner Lebens-
gefchichte und die Gefchichte feiner Gefangenfchaft wurden im Gefängniffe erzeugt und
gebohren. Den 1ften Jul. 90 reifte er aus
Magdeburg nach Halle ab. Er war unbefon-
nen genug, während feiner Gefangenfchaft
gegen einige hohe Perfonen in Berlin, die ihm
viel hätten fchaden können, feine Verhöhnun-
gen aber mit Wohlthaten vergalten, zügellos
zu reden und zu fchreiben. Eine Kaufmannsfrau in Magdeburg hatte auf feine Bitte fein
Gefängnifs mit den nöthigen Geräthfchaften
verfehen, und die Frau, durch welche fie her-
beygefchaft worden waren, forderte bey feiner Abreife ihre Bezahlung. Diefs nahm B.,
der fich eingebildet hatte, die Kaufmannsfrau
müfste fichs zur Ehre rechnen fein Gefängnifs meublirt zu haben, fehr übel und drohte, fich durch eine Satyre zu rächen.

Im J. 91 verlohr B. feine geliebtefte
Tochter. Er drückt fich in einem Briefe an
M. vom 19. Febr. 91 fo darüber aus: "Ich
kann Ihnen vor Wehmuth und Jammer nichts
weiter fchreiben als — der Liebling meines
Herzens, mein Hannchen ift — todt! Das befte, gereiftefte meiner Kinder ift — todt! Es
koftet mich alle Kraft, die in mir ift, in
Faffung zu bleiben. Weihen fie ihr und mir
eine Thräne der Freundfchaft. —• Sagen Sie
mein hartes Leiden allen, die an mir Theil
nehmen."

Man hätte glauben follen, die geheimen
Ordens-Verbindungen würden Bn durch die
Verdrüfslichkeiten, die er fich mit der Union
zugezogen, verleidet worden feyn. Allein
das war nicht der Fall. Den 1. März war
fchon wieder ein neuer Plan da, den er Mn
zufchickte: "Ich fetze, fagt er davon, die
Union itzt fort unter einer ganz herrlichen
Maske, die ich Ihnen hier mitfchicke. Alles
was hier nicht gedruckt ift, d. h. alles eigentlich Geheime wird nach genauer Verabre-
dung mit den alten Brüdern, gar nicht mehr
gefchrieben, fondern vermittelft fchon getrof-
fener Anftalten, mündlich fortgepflanzt, damit kein Verräther mit Beweifen mehr möglich fey." Allem Anfehen nach war diefer
umgefchmolzene Plan der Union der fchon
in einigen Zeitfchriften gedruckte Ent-

wurf

Entwurf zur Stiftung einer Verbindung zwifchen den Freunden
und Beförderern der Verdienftes,
einer Gefellfchaft, die gleich in der Gebnrt
erftickt ward, oder vielmehr gar nicht wirklich zum Dafeyn gekommen ift. Wenigftens
hat man Bn mit Wahrfcheinlichkeit diefe
Nachgeburt der deutfchen Union zugeeignet.
S. N. Allg. D. Biblioth. B. 9 St. 1 S. 38. Noch
ein höchft characteriftifcher Brief mag diefe
mitgetheilten Bruchftücke befchliefsen. "Es
ift mir, fchreibt B. d. 10. Oct. 91 an M., aus
der Erbfchaft einer alten gottfeligen Matrone
in Franken eine vollftändige Sammlung der
alten Zinzendorfifchen Lieder in mehreren Bändchen zu Theil geworden. Bekanntlich haben die Brüdergemeinen alle diefe Lieder möglichft unterdrückt und der Welt aus
den Augen zu rücken gefucht. Es ift alfo eine
wahre Rarität, die ich befitze. Und — wie
könnte ich einen folchen Schatz befitzen, ohne ihn zu geniefsen und geniefsbar zu
machen. Ich fprach in der Meffe zu einigen
Buchhändlern von einer Quinteffenz aus
diefen Liedern, und alle waren gierig nach
einem Buche, das unfer Publikum fo erftaun-
lich amüfiren müfte. Das höchfte Gebot,
welches ich habe, find 500 Thlr. Aber feitdem ich von der Meffe zurück bin, ift mir
der Gedanke eingefallen, dafs der Druck die-

fes

fes Buchs, welches die Quinteſſenz aller Zin-
zendorfiſchen Phantaſieen enthalten würde,
die itzigen Brüder - Gemeinen kränken und
ihnen in mancherley Betracht nachtheilig
werden dürfte. Ich wünſchte daher recht
ſehr, 'daſs Sie doch Gelegenheit nehmen
möchten, in Gnadau mit einigen Vorſte-
hern ſo von weitem darüber zu ſprechen
und zu vernehmen, ob mein Gedanke richtig
war. Ich mache keinem Menſchen
gerne Schmerz, am wenigſten einer ganzen Geſellſchaft, die in vielem Betracht dem
Staate nützlich und mir ſelbſt in mancherley
Rückſichten ſchätzbar iſt. Sie würden mich
alſo ſehr beruhigen, wenn Sie mir ſchreiben
könnten, daſs die Brr. Gemeine bey dem
Drucke meines Auszuges gleichgültig ſey.
Und wenn Sie das Gegentheil fänden, ſo
würden Sie beyde Theile ſich verbinden,
wenn Sie eine Art von Vergleich zu Stande
brächten, der mich für die Unterlaſſung des
Drucks entſchädigte und die Brr. Gemeine
ſicher ſtellte. *) Ich überlaſſe dieſs Ihrer eigenen Klugheit und bitte nur um möglichſt
baldige Antwort, weil die Buchhändler mich
bom-

---

*) Das Anerbieten war dem des Buchhändlers Fetz
ähnlich, der Voltairen anbot ein Mſcpt. wider
ihn gegen Erſatz von 2000 Liv. zu unterdrücken,
S. Thümmels Reiſe Th. 3 S. 88 f.

bombardiren und mein fehr armer Beutel es
verurfacht, dafs ich das Bombardement fehr
ftark vernehme." — Wirklich find Anlagen zu
diefer Blumenlefe, auch Verfuche gemacht
worden, ob die Brüdergemeine fich bewegen
laffen wollte, eine Befchimpfung abzukaufen,
aber es ift dennoch beydes unterblieben.

Sein unftetes, von raftlofen Projekten er-
fülltes Leben und feine fchlechte häusliche
Wirthfchaft hatten feine Finanzen fehr ver-
dorben und diefe üblen häuslichen Umftände
hatten wieder eine unglückliche Rückwirkung
auf feinen Geift und Character. Der Buchhändler Vieweg d. ä., der mehrere feiner
Schriften verlegte, fuchte Ordnung in feine
häuslichen Angelegenheiten zu bringen, indem
er fich davon für B. felbft eine beffer geordne-
te Thätigkeit und Geiftes-Ruhe, und für feine
bedauernswürdige Familie die einzig mögli-
che Rettung von ihrem Untergange verfprach
und diefer Hoffnung ein nicht unbeträchtli-
ches Capital widmete. Aber Bs Leichtfinn,
den felbft die für ihn fo fchrecklichen Folgen
nicht hatten fchwächen können, brachte feinen Freund um das Capital und vernichtete
die Möglichkeit, der unglücklichen Familie
wahrhaft nützlich zu feyn. Man fah ihn in
Halle immer tiefer finken. Verfchiedene, die
mit ihm oft waren, fprachen ihm zuletzt Re-

ligion und Mitgefühl ab, wiewohl fie nicht
leugneten, dafs er noch am Umgange mit folchen Leuten Gefchmack fand, die für ihn
geniefsbar waren. Die Worte geniefsbar
und ungeniefsbar waren feine Lieblings-
ausdrücke, nicht nur von Sachen, fondern auch
von Menfchen. Man fah auch hieraus, dafs
er die ganze phyfifche und moralifche Welt
von der Seite am meiften feiner Aufmerkfam-
keit würdigte, von der fie genoffen werden
konnte. Da er entfchieden als Schriftfteller
und als Menfch immer mehr zur Niedrigkeit
hinab fank, je länger er lebte: fo möchten
die nicht ganz unrecht haben, welche ihm in
der letzten Periode feines Lebens faft alle Religion abfprechen. Bey einer folchen Verfchlimmerung des Charakters verliert fich immer mehr das Verlangen nach Gott, und der
Übergang zum entfchiedenen Atheismus wird
durch Scheingründe, die ein folcher fucht
und leicht gelten läfst, immer unvermeidli-
cher. Ich befchliefse die Nachrichten über B.
mit einer Stelle des Tacitus (Ann. 4, 32),
die ein Gelehrter fehr paffend auf B. angewen-
det hat: *Prosperiore eloquentiae quam morum
fama fuit, nifi quod aetas extrema multum etiam
eloquentiae demfit, dum feffa mente retinet
filentii impatientiam.*

Bahrdts

Bahrdts Geſchichte ſeines Lebens, ſeiner Meinungen und Schickſale, von ihm
ſelbſt geſchrieben, iſt auſſer der ausführli-
chen, berichtigenden Rec, in der allg. deutſch.
Bibliotbek mit Wahrheit und Würde in der
A. L. Z. 92. N. 133 beurtheilt worden. Hier
nur eine kürze, aber treffende Kritik über das
Werk aus Knigge über Schriftſteller S. 106.
"In einem ſolchen Buche, in welchem ein
Mann, der ſo anſehnliche geiſtliche Bedienun-
gen bekleidet und dabey durch ſeine Un-
glücksfälle, ſo wie durch ſeine Lehrſätze die
allgemeine Aufmerkſamkeit erregt hat, dem
Publico Rechenſchaft von ſeinen Schickſalen
und Verirrungen geben will; wer erwartet
da nicht eine gewiſſe Würde im Vortrage,
verbunden mit wahrer Herzensſprache? Und
wie unangenehm wird man nicht dagegen
getäuſcht, durch den höchſt leichtfertigen
Ton, in welchen der Verf. ſo oft verfällt
(der Nachläſsigkeit und Incorrectheit des
Styls nicht einmal zu gedenken) und wodurch er die Eindrücke einiger wahrhaft rührenden Stellen immer wieder ſchwächte."
Daſs dieſer Autobiograph der Wahrheit nicht
immer treu geblieben, iſt ſchon im Nekrolog
gerügt worden; er weicht von ihr ab, bald
um zu verſchönern, bald um ſeinen Gegnern
weh zu thun, bald um mit ſich zu liebäu-
geln, aber auch oft aus wirklicher Vergeſſen-

heit.

het. Viele Umftände beweifen es augenfcheinlich, dafs ihm fein Gedächtnifs in den
letzten Jahren fehr untreu war, und daher
eine Menge unrichtiger Angaben, von denen
ich die mir mitgetheilten Berichtigungen hier
anführe. Viele folche Irrungen kommen im
2ten Th. in der Erzählung feines Aufenthaltes
in Erfurt vor. Erfurt hat (gegen S. 15) fchöne Promenaden und einen öffentlichen, den
Lynkeifchen Garten. Die Mifchung der Ka-
tholiken und Proteftanten dafelbft erzeugt
wenig Zurückhaltung. Die jungen Profefforen Wieland, Riedel u. f. w. (S. 17.) gehörten nicht zur philofophifchen Facultät,
weil fie nicht in derfelben feyn wollten, und
weil man zweyen von ihnen, die einmal Sitz
und Stimme im Senat nahmen, das Leben fo
fauer machte, dafs fie bald wegblieben. Man
hatte die jungen Profefforen zur Erfparuug
der Koften vom Difputiren und von Antritts-
reden difpenfirt; diefs ftand den alten Profefforen nicht an. Das dritte, S. 18. erwähnte
Collegium, heifet Amplonianum. Die
Zahl der Studenten ift S. 19 falfch angegeben:
ehe noch Wieland hinkam, war die Zahl von
80 auf 170—80 geftiegen. B. kam 1768 nach
Erfurt. Im Jahr 1770 waren noch nicht alle
neuen Profefforen wieder fort. Froriep,
Meufel, Springer, Loffius waren noch da.
Riedel hatte allerdings (gegen S. 21) die Phi-
lofo-

lofophie fyftematifch, neml. nach Daries, ftudirt. Horel war (S. 23) allerdings ein ftrenger
Oekonom, aber wohlthätig und half Bn mehr
als einmal mit Gelde aus der Noth, wie diefer
doch felbft einmal S. 90 bekennt. Herel las
Collegia, zum Theil in Bs eigenem Audita-
rium gegen Bezahlung der Miethe, und be-
forgte, ob er gleich keine Befoldung zog, feine Publika dennoch fehr pünktlich und ge-
wiffenhaft. Wieland hatte einen fchönen
Vortrag und ftarken Zulauf, als er über Ife-
lins Gefchichte der Menfchheit, und über Ho-
razens Epiftel an die Pifonen las. Grant
(nicht le Grand S. 26) war keineswcges
von vortrefflichem Charakter. Er mufste feiner Ränke wegen in das Schotten-Klofter
nach Regensburg. Nonne, ein proteftanti-
fcher Arzt von gutem Charakter, wird S. 26
mit dem katholifchen Arzt Nunn verwech-
felt. S. 27 ftcht Befferer für Bäfaler, und
S. 28 Schellenberg für Schollenber-
ger. Die S. 85 genannte Affefforin hiefs Eo-
kart. — Im 3. Th, S. 27 ift die Schilderung
vom Hofr. Neubauor fehr übertrieben und
kaum halb wahr. Bedienter ift er nie gewefen,
aber er foll eine Zeitlang als Scribent in Wien
gebraucht worden feyn, hat fich aber durch
feine Fähigkeiten, vorzüglich durch fein mu-
fikalifches Talent bald gehoben, hat 5 Jahre
in Leipzig und Halle, erft Theologie, dann

h 5   die

die Rechte ſtudirt, und iſt als Hofrath des
Fürſten von Leiningen geſtorben. Die Th.
4. S. 162 erwähnte Dame war die verſtorbene
Oberforſtmeiſterin v. Golz in Colwitz im
Magdeburgiſchen, mit welcher B. Briefe
wechſelte. Sie bezeugte ſchriftlich groſse
Hochachtung gegen ihn und ſeine Schriften.
Als ſie aber einen Beſuch von ihm bekommen
hatte, urtheilte ſie nachher: "eine Zeile von
B. wäre mehr werth als ein Beſuch." Die
gröſste Unvollſtändigkeit hat ſich B. in dem
Verzeichniſſe ſeiner eigenen Schriften zu
Schulden kommen laſſen, das aus Meuſels ge-
lehrtem Deutſchland und den Nachträgen dazu ergänzt werden muſs. Auſser den dort angeführten ſoll ihm auch das Taſchenbuch
für das Verdauungsgeſchäft von
1785. gedruckt zu Spaßhauſen noch
angehören. Die Briefſchaften und Papiere,
welche Pott von Bs Familie bekommen hatte, ſind wieder an dieſe zurückgegeben worden. Bispink iſt willens geweſen, ver-
miſchte Schriften aus Bs Papieren zum Beſten
der Kinder herauszugeben. — Man wird es
hoffentlich nicht unzweckmäſig finden,
wenn ich hier zum Schluſſe noch ein, freylich der Vollſtändigkeit ermangelndes, Verzeichniſs von Schriften für und gegen
Bahrdt anhänge.

Etwas

Etwas an M. Bahrdt, feihen verbefferten Chriften in der Einfamkeit betreffend. Berl. 764. (von Friedr. Teller)

Joh. Balth. Schmidt actenmäfsige Erzählung und Nachricht und Vertheidigung wider B. zu Erfurt 770.

Befcheidene Erinnerungen über Bs Briefe über die fyftematifche Theologie von einem Prediger auf dem Lande. J. C. M. 770.

Joh. Melch. Gözens Beweis, dafs Bs Verdeutfchung des N. T. keine Ueberfetzung fey. Hamb. 773.

Beweis, dafs die neue Lehrart in der Theologie, die B. zu Giefsen vorgefchlagen hat, gar wohl anzunehmen fey. 775.

Schloffers Urtheil über Bs Philanthropin in den Ephemeriden der Menfchheit 1776. St. 2. S. 215.

Etwas den D. B. betreffend in Schlözers Briefwechfel Heft 29 S. 330. Heft 32. S. 82.

Leferliche Epifteln an den Marktfchreyer C. Fr. Bahrdt in Dürkheim an der Haardt und

h 4 **feinen**

feine Conforten Joh. Fr. Gillet, als das erſte Verſchreibungsbillet mit der Inſchrift: der philanthropiniſche Eſelskopf oder der in dem philanthropiniſchen Gaunerneſte geſuchte Geldtopf. Im Jahr, da ein Hanswurſt ſoviel galt als ein Marktſchreyer. (Dieſs iſt nur ein Pröbchen von dem Geiſt der Pasquille, die auf B. herauskamen.) *

Über Bs. Glaubensbekenntniſs erſchienen unter mehreren andern folgende Schriften:

Winke der geſunden Philoſophie gegen D. C. F. Bahrdt. 780.

Glaubens - Bekenntniſs D. Bs widerlegt von Orthonoëte, item, von einem Schulmeiſter widerlegt.

D. B. Glaubensbekenntniſs methodice widerlegt.

Bs. Glaub. Bek. mit Anmerkungen von Jacobi in Celle.
Bs Glaub. Bek. vom D. Semmler widerlegt. Ebendaſſ. von Teller widerlegt.

Ein Wort der Liebe an D. B. wegen ſeines Glaub. Bekennt. 779.

Ge.

G. Adam Horrer Unterfuchung des B. Glaub. Bek. 779.

B. neuerlich ausgeheckte Erklärung an das Publikum über fein Glaubens-Bek., widerlegt von Joh. Chph. Lucas. 780.

Gedanken eines Layen über Bs Glaub. Bek. im T. Merkur 79. Quart. 3 S. 170. 218.

Ueber Bs Gl. Bek. in den N. Miscellaneen. Leipz. 780 St. 8 S. 265—94.

Anmerkungen über Bs neuefte Offenbarungen. Frankf. 779.

Anmerk. über die Schrift unter dem Titel: Von der Gerichtsbarkeit der höchften Reichs-Gerichte in geiftlichen Sachen. Bey Gelegenheit des neueften D. Bahrdtifchen Rechtsfalls. Frankf. uud Leipz. 779. (Ein wahrer politifch-theologifch-juriftifcher Zelot!)

＊Unterthänigftes Gutachten wegen der itzigen Religions-Bewegungen, befonders in der evangel. Kirche, wie auch über das Kaif. Kommiffions-Decret in der Bahrdtifchen Sache. 782.

Der wahre Charakter des D. B. In vertrau-

trauten Briefen gefchildert von einem Niederländifchen Bürger an feinen Freund in London. 779.

D. Bs Leben, Schickfale u. f. f. 780. (Eine elende Perfiflage, enthält Bs Leben und
vorgeblichen Tod mit einer Leichenrede.)

Des fchriftgläubigen Quedlinburgifchen
Publikums Nothwehr gegen den Schulmeifter
auf Gibeon. Quedlinburg und Lpz. 783.

Erklärung der theologifchen Facultät zu
Halle über H. D. B. Appellation an das Publikum wegen einer Cenfur-Bedrückung. Halle
785. (Enthält fchätzbare Bemerkungen über
Bs litterärifchen und fittlichen Charakter.)

Eines Landpredigers Briefe an feinen
Freund: ob die Briefe über die Bibel im
Volkston Wahrheit feyn können? (von E.
Friedr. Löfchigk) Lpz. 786.

Standrede am Sarge des weiland wohl-
gelahrten Hrn. K. F B., eine Parodie. Berl.
787.

B. der Profelytenmacher, eine wahre Gefchichte. Nirgendshaufen, b. Niemand. 788.

Auch

Auch etwas über Preſsfreyheit und ihre
Gränzen; oder: Iſt das Geſetz des Kaiſer Joſeph II, daſs die chriſtliche Religion nicht ſy-
ſtematiſch beſtritten werden ſoll, ein weiſes
Geſetz? Wider Hrn. D. B. erwieſen von einem Freunde der Wahrheit. Quedlinburg und
Lpz. 788. (vom Diak. M. Kinderling gegen Bs Schrift: über Preſsfreyheit und deren
Gränzen 787. gerichtet.)

Epiſtel an den Verf. des zweyten Quin-
qnenniums vom K. und Ketzer-Almanach.
788.

Die Aufklärung der Hölle. Eine gereim-
te Phantaſie zur Herzſtärkung für Hrn. D. B.
in ſeinem Gefängniſſe, von „Palämon dem
Jüngern. Lpzg. 789. (Jamben auf Bs ge-
wandte Schlauheit. Er wird vom Pluto ver-
dammt ewig zu ſchreiben. Sobald er aber
ein Blatt voll geſchrieben hat, nimmt es ihm
eine Harpyie weg und beiſst ihn in die Fin-
ger, damit er das Blut ſtatt der Dinte brau-
che!)

Ueber die deutſche Union ſind unter
andern herausgekommen:

Mehr Noten als Text oder die deutſche Union, der XXger, eines neuen ge-
hei-

heimen Ordens zum Beſten der Menſchheit.
Aus einem Packet gefundener Papiere zur öffentlichen Schau geſtellt durch einen ehr-
lichen Buchhändler. Lpz. 789 (vom
Geh. Rth. Bode in Weimar)

Nähere Beleuchtung der deutſchen Union.
Frft. und Lpz. 789.

X Y Z neue Aufſchlüſſe über die neue
Union. Berl. 789.

Vergl. Compendiöſe Bibliothek, der Frey-
maurer. Heft 4 und 5. Berl. Mon. Schrift 89.
St. 3 S. 282 ff.. St. 7 S. 73 ff.

Anreden an die Richter des D. B. von einem deutſchen Manne H. v. L. (aus dem
deutſchen Zuſchauer) 789.

D. Bs Gefangenſchaft. Von e. Freunde
der Wahrheit. Philadelphia 789. (S. Bahrdt
Geſch. ſeines Gefängniſſes S. 168.)

D. Bs rechtliche Vertheidigung. Das einzige zur Beleuchtung ſeiner neueſten Schickſale authentiſch bekannte Actenſtück. Regensburg. 790.

Pott Leben, Meinungen und Schickſale
D.

D. B. Lpz. 790. (B. nennt diefes Werk nicht
ganz ohne Grund ein Pasquill, wiewohl es
mitunter Wahrheiten enthält. Der Verf. hat
Vorausbezahlung auf den 2ten Band angenommen, der aber vermuthlich nie erfcheinen
wird).

B. mit der eifernen Stirn. 790. (Die Scene ift Bs Weinberg; wo die fogenanten Aufklärer ihr Wefen treiben. Die Gefchichte
diefes Pasquills ift bekannt.)

Schriftliche Anrede an die Freunde des
D. B. beym Tode feiner älteften Tochter.
Halle 791.

Bs Höllenfahrt, ein Schaufpiel vom erften
Range in 5 Aufzügen. 792. (Ift unter allem
Rang. S. Allg. L. Z. 95 N. 47 S. 376.)

Chrft. Hnr. Vogels Leben, Charakter
und Verdienfte gefchildert, und als Pendant
zu Hrn. D. Bs. felbftverfertigten Lebensgefch.
herausgegeben von des Verewigten hinterlaff-
nem älteftem Sohne W. J. A. Vogel. Erfurt
792. (Ift für Bs Leben von keinem Belang.)

Bs unruhiges Leben und fchmerzvoller
Tod. Halle 792. Wiederholte Auflage unter dem Titel: Bs unruhiges Leben, fein

fchmerz-

fchmerzvoller Tod und Begräbnifs. Dritte
verbefferte Auflage unter dem Titel: Bs unruhiges Leben, Tod, Begräbnifs und Reife
nach der Ewigkeit. (Ein Dreyerblättchen
für die Jahrmarktsbuden, wie die A. L. Z.
fagt.)

Auf D. Bs Tod. Seinen Freunden und
Schätzern gewidmet von J. C. H Sch—r
(Schäfer). Deutfchl. 792.

Einige andere Schriften über Bahrdt find
im Nekrolog vor Bs Leben angezeigt, und
am Ende des Verzeichniffes der Bahrdtifchen
Schriften in R ö t g e r s Nekrolog für Freunde
deutfcher Literatur. 2. St.

Den

H. A. Fr. v. Eschstruth.

(S. Nekrol. 1792. I, 103 ff.)

Es ist dem Herausgeber des Nekrol. ein Auf-
satz mitgetheilt worden, den die verehrungs-
würdige Gattin des edlen Eschstruth für den
Kreis ihrer Freunde schrieb, um zu bestimmen, in wie fern sie der Darstellung ihres
seel. Gatten im Nekrolog Beyfall gebe, oder
welche Nachrichten und Urtheile sie für un-
richtig hielt. Die Theilnahme, die durch das
Ganze herrscht, und die von einem ungemei-
nen Grad der Bildung zeugende Schönheit des
Vortrags bestätigen dasjenige, was dort S. 117.
gesagt ist, dass Eschstruth in ihrem Besitz die
zärtlichste Freundin und den besten Lohn seiner vielen Tugenden fand. "Mein Herz, heisst
es gleich zu Anfang, sagt den Freunden, die
das stille Grab meines verewigten Gatten mit
den Blumen des freundlichsten Andenkens be-
streuten, warmen Dank, und eben so sehr
demjenigen, welcher sie gütig sammelte und
in jenem Buche zum Kranze wand, der unver-
welklich auf dem kleinen Hügel blühet, unter

ter welchem mein ganzes Erdenglück ruhet. "
Was fie indefs für nicht richtig dargeftellt
hält, zeichnet fie aus; "denn, fagt fie, meinem Herzen ift es Pflicht, jeden Schein von
Tadel von der Afche deffen zu entfernen, der
mir fo lieb war. " — Aus diefem Zeugnifs
zärtlicher Liebe foll hier dasjenige ausgehoben
werden, was zur Berichtigung oder Widerle-
gung jener Darftellung im Nekrol. darin vor-
kömmt.

Zu p. 109. "Wohl war der Durft nach
allem Grofsen, Edlen und Schönen heifs in
der Seele des Vollendeten, wohl war fein
Streben nach intellectueller und fittlicher Vollkommenheit gränzenlos; nie war er zufrieden, etwas halb gethan zu haben; was er
lernte, das wollte er ganz und auf die befte
Art lernen, und freylich koftete das ihm
manche Anftrengung; denn obgleich, nach
meiner Ueberzeugung, fein erftes augenblick-
liches Gefühl bey jeder Sache fehr treffend
und richtig war, fo hatte er doch felbft zu
wenig Eigenliebe, um diefs zu glauben, und
war nie mit feinen Arbeiten zuftieden, bis er
fie genau geprüft und das Urtheil feiner Sach-
kundigen Freunde darüber eingeholt hatte;
eine Eigenfchaft, oder vielmehr Verfahrungs-
art, die man jedem Schriftfteller wünfchen
follte, und bey deren Ausübung man wohl
nicht

nicht fogleich anf Mangel an eignem richtigen
Gefühle fchliefsen dürfte. Seine Lehrer und
die Richter feiner mufikalifchen Arbeiten, deren Fähigkeit zu beyden Gefchäften wohl
niemand bezweifelt, waren C P. E. Bach
und Vierling in Schmalkalden, und dabey
fchöpfte er, freylich mühfam, viel aus den
Schriften und Werken verftorbener grofser
Tonkünftler, Sebaft. Bach, Kirnberger
und anderer. Dafs feine Compofitionen nicht
fo allgemein gefielen, entfcheidet wohl nichts
über ihren Werth; denn wer könnte wohl
behaupten, dafs dafs Urtheil des grofsen Hau-
fens in Sachen des feinern Gefühls immer
richtig fey? Auch ift in Anfehung der Mufik
eben fo wohl, als in andern Sachen, der Gefchmack äufserrft verfchieden. So wie des
ernften Youngs Schriften nur dem tiefen Denker gefallen, und von dem lebhaften Jüngling
ungenützt weggelegt werden; fo wie dem
Traurigen der heiterfte lachende Witz gleichgültig bleibt: fo fordert die wirkliche, eigentliche Harmonie auch, dafs man fich erft
in die Stimmung fetze, fie recht geniefsen zu
können, ehe man fie geniefst. Wer darüber nachdenken will, der wird diefs felbft
fo finden. In der Mufik und in der Werth-
fchätzung der Tonfetzer felbft herrfcht die all-
gewaltige Tyrannin Mode; oft entfcheidet fie
allein für oder wider den Componiften; was

aber immer fchön, immer richtig und gut
feyn foll, kann unmöglich das leichte Ge-
präge der wankelmüthigen Göttin tragen.
Auch war es dem nach Vollkommenheit jeder
Art ftrebenden Geift meines E. unmöglich,
fich unter ihr Joch zu beugen; er wollte, dafs
feine Compofitionen auch noch nach Jahrhun-
derten die Prüfungen der Kenner follten ertragen können. — Jene p. 109. erwähnte
Einleitung zu Millers Liedern fagt hierüber mehr, als ich fagen kann." —

"Weder auf der p. 115 im Nekrol. angeführten 57ften Seite der Einleitung zu Millers
Liedern, noch auf den vorhergehenden und
folgenden, finde ich irgend eine Spur von
Stolz; nur gekränktes Selbftgefühl fpricht
hier, und wer follte diefs Gefühl dem Manne
verargen, der mit dem wärmften Herzen für
Freundfchaft, diejenigen wirklich für feine
Freunde hielt, die fich fo nannten, und deffen eignes truglofes Herz fo ungern an Täu-
fchungen diefer Art glaubte; der es fich be-
wufst war, dafs er feine Arbeiten ihnen vor-
gelegt hatte, nicht um von ihnen gefchmei-
chelt zu werden, fondern aufrichtige, aber
auch gründliche Urtheile darüber zu hören,
und dem es Herzensangelegenheit war, Ver-
edlung der Gefühle und Ausbreitung nützlicher und fchöner Gedichte durch die Mufik

zu

zu bewirken, wie feine, nie durch fchalen
Witz oder niedere Equivoquen entweihete
mufikalifche Mufe ihn hoffen liefs. Nicht
ohne Grund hielt er die Mufik, freylich Mufik von einer andern Art, für eine der Be-
fchäftigungen der Vollendeten in höhern Re-
gionen. Wie wird er jetzt dort fein Gefühl
für fie vervollkommnet haben, da er fchon
hier jeden frommen Gedanken von Gott und
Ewigkeit doppelt lebhaft empfand, wenn er
durch die Mufik zu feinem Herzen fprach!"

Zu p. 111. "Anfprüche auf ausgezeich-
netes dichterifches Talent machte er felbft
nicht; er kannte fehr wohl die Eigenfchaften,
welche ein vollkommenes Gedicht bezeich-
nen, und wenn er in feinen, 1783 und 84 herausgegebenen Blumenlefen manche unverdienft-
liche Arbeit aufnahm, fo gefchah diefs mehr
um den Muth junger Dichter, die fich gern
ausbilden wollten, nicht niederzufchlagen, als
aus Ueberzeugung von dem Werthe der Stücke. Und hatte er da nicht Beyfpiele grofser
Dichter vor fich? Mein E. fchätzte die Poefie
mehr in Abficht auf die Gegenftände, welche
fie behandelte, und der Wirkungen, die fie
auf das Herz und oft dadurch auf unfere
Handlungen hatte, als aus irgend einem andern Gefichtspunkte; diefs ift die Urfache,
warum er, ob er gleich fich felbft das Talent

der

der fliefsenden Poefie verfagt glaubte, dennoch feine eigene und andere Arbeiten in diefem Fache der Welt zeigte."

Zu p. 113. "Der Biograph belegt mit den Benennungen Eigenheiten und Sonderbarkeiten, was vielleicht unter andern Umftänden fo heifsen könnte, hier aber, um der Urfachen willen , aus denen diefe Folgen floffen , wohl einen andern Namen verdient. Während der akademifchen Jahre, und befonders als E. noch das medicinifche Studium liebte, hatte er oft die Anatomien befucht und zugleich damahls das Schickfal gehabt, oft gegen Metzgerhäufern über zu wohnen; diefs zufammen genommen hatte fo ftark auf feine fehr reitzbare Einbildungskraft gewirkt, dafs er dadurch lange Zeit einen unüberwindlichen Ekel nicht nur gegen alles Fleifcheffen, fondern auch gegen alles Fleifchfehen bekam; alfo war es nicht Sonderbarkeit oder blinde Nachahmungsfucht, und es zeigt ja wohl von feiner Selbftüberwindungskraft, dafs er, als ihn fpäterhin Aerzte und Schriften grofser Aerzte ●●● dem Nutzen oder vielmehr von der Nothwendigkeit des Fleifcheffens in Abficht auf die Gefundheit überzeugten, trotz jenes ftarken Ekels dennoch das Beffere that."

In

"In Anfehung der veränderten Orthogra-
phie hatte er grofse Vorgänger und Beyfpiele
genug.   Dafs fie nicht allgemein angenommen ward, beweifst, dünkt mich, gar nichts
gegen fie; feine Gründe dafür hat er felbft bekannt gemacht.   Den Wunfch fie eingeführt
zu fehen,   beftimmte befonders die Zeit-
erfparnifs,   die durch die wenigern Buchftaben bey mehrerer Uebung würde erlangt worden feyn,   und ihm,   der nicht gern eine
Minute verlohr, galt das viel."

S. 114. heifst es, er habe die Gefellfchaft
wenig aufgefucht und auch gegenfeitig in
g r o f s e n   Z i r k e l n   nicht fo gefallen, wie
man es bey feinen fonftigen Vorzügen hätte
denken follen. — Die Fr. Wittwe hat das
fo genommen: "Er habe den wenigften
Menfchen gefallen," und führt zum Gegen-
beweis an, dafs felbft fein Landesherr in feiner Krankheit und bey feinem Tode, eben fo
wie viele andere gute Menfchen, grofse Theilnahme bezeigte und feinen Verluft beklagte.—
Hier ift wohl ein blofses Mifsverftändnifs.
Es heifst in der Biographie ausdrücklich, er
fey, in Rückficht auf gefellfchaftliche Talente,
kein Mann für g r o f s e   Z i r k e l   gewefen;
und hier wird eingewendet, er fey von feinem Fürften und von edeln Menfchen gefchätzt worden; Dinge, die fich bekanntlich
fehr gut vertragen.

Zu· p· 116. wird erinnert, dafs der dort
erwähnte Ankauf unnöthiger· Dinge nur auf
Gegenftände, die Mufik betreffend, eingefchränkt werden müffe; und auch dazu habe
er nur den Ertrag feiner mufikalifchen Arbeiten beftimmt; er habe zwar eine Laft von
Sorgen gehabt, aber nicht aus eigner Schuld.
"Die Leiden, welche ihn am meiften drück-
ten, waren von der Art, dafs fein fein füh-
lendes Herz fie nur feinen Vertrauteften im
ftrengften Geheim mittheilen konnte; ihre
Quelle war ihm ehrwürdig, und dort, wo jede
unferer Handlungen, und ihre Urfachen offen
daliegen, wird der ewige Belohner viele Per-
len in den Kranz feiner Vergeltung winden
für die ftille Ertragung jener Kummerftunden.
O wie gern möchte ich hier jedem Menfchen
die Bitte zurufen, nicht zu urtheilen über
die Handlungen anderer, deren Beweggründe
wir nicht kennen." —

Martin Friedr. Schaeffer.

(Nekrol. 1791. II, 503.)

Der Sohn diefes verdienten Mannes, der K. Preufs. *Subftitutus Fisci* und Juftitz - und Urbarial - Commiffair zu Plefs in Oberfchlöfien, Hr. Karl Friedrich Ludwig Schäffer hat dem Herausgeber des Nekrol. den am ang. Ort S. 306 erwähnten Auffatz, der ein Supplement zu der biographifchen Nachricht im Weltbürger, Heft I, ift, zugefendet, der in jenem Journal, da es nicht fortgefetzt worden ift, keine Stelle hat finden können. Er folgt hier:

"Der ungenannte Verfaffer des Auffatzes im Weltbürger Heft I. No. 10. über meinen verewigten Vater hat mich am Ende deffelben zu einer Biographie aufgefordert. Ich fehe mich alfo gewiffermafsen meine Gründe anzuführen genöthigt, warum ich es bisher nicht that, und fchreibe auch nur das Nachftehende, meinem erften Vorfatze ungetreu, aufge-

rufen

rufen, nieder. Mein Vater verlebte in philo-
fophifcher chriftlicher Stille feine Tage. Eitelkeit und Sucht durch fchriftftellerifche Talente zu glänzen oder einen Erwerb zu machen, waren ihm fremd; er wollte blos
nutzen. Dazu wirkte und fchrieb er, wie
die Gegenftände, die er wählte, zeugen. Diefe Befcheidenheit, ein Hauptzug feines Charakters, leitete ihn fein ganzes Leben hindurch bis an feinen Tod. Nur durch feine
Schriften einigermafsen, durch feine Perfon aber weniger bekannt, übte feine ftille
Tugend in dem gewählten Zirkel und in feiner Familie alle Pflichten mit Strenge aus,
die er fich zum Zweck gefetzt hatte, und
Schlefien wird die Früchte feines Fleifses
noch lange geniefsen, wenn es auch den Ur-
heber dem Namen nach nicht mehr kennt.
Sein häusliches Leben, zwar eine ununter-
brochene Kette von widrigen Vorfällen, würde das Publikum nicht intereffirt haben,
und Literatoren noch weniger, da es auf feine Gelehrfamkeit und was dazu gehört, wenig Bezug hatte, und überdem nicht mit auf-
fallenden, unerwarteten Begebenheiten durch-
flochten war, die der heutige Lefer zu einer
amüfanten Lectüre verlangt. Ich nahm alfo
Anftand, befonders als Sohn und folglich als
nicht ganz unbefangener Lobredner, etwas
zur Erhaltung des Andenkens meines guten

Va-

Vaters zu fchreiben, und würde auch jezt
nichts fagen, wenn der Auffatz im erften
Hefte des Weltbürgers nicht den Ton fchon
angegeben hätte. Dank aber dem edlen Verfaffer, den ich aus einigen Zügen feines Auffatzes hinlänglich kenne, dafs er aus eigner
Wahl übernahm, das Andenken meines Vaters fo ehrenvoll zu erhalten! Das, was ich
hinzufüge, ift nur Berichtigung zur Vollftändigkeit diefes Denkmals."

"Er ift zu Berlin den 29. October 171**5** ge-
boren; fein Vater war Kaufmann und Inhaber
einer Gold- und Silberfabrik dafelbft. Er hatte
befonders unter Köfter, Frifch, Hei-
nius, Maxelius und Gottfchling zu
Berlin im Gymnafio des grauen Klofters,
im Johannisthalifchen und Neuftädtifchen
Gymnafio zu Brandenburg feine Schulftudien getrieben, befuchte die Akademien
Halle, Jena und Frankfurt a. d. O. von
1732-36 und hatte Böhmer, Ludwig,
Heineccius, Knorr, Brunnquell,
Karpov, Hoffmann und Fleifcher zu
Lehrern. Hierauf that er eine Reife durch Ober-
und Niederfachfen, Heffen, den Oberrhein-
Kreis und Weftphalen, wo er fich in Duis-
burg bey dem Generallieutenant Baron von
Sonnsfeldt und Wittenhorft, einem
Verehrer der Wiffenfchaften und Künfte,

als

als Gefellfchafter bis 1739 aufhielt. Ungern entliefs ihn gedachter Baron von Sonnsfeldt nach Berlin, von wo aus er nach Glogau an die neuerrichtete Kriegs- und Domainenkammer 1741 als Sekretair gefchickt wurde. Hierauf wurde er in gleicher Qualität bey der Breslauifchen Kammer angefetzt, wo er die Regiftratur ebenfalls in Ordnung brachte. Er begleitete als Sekretair auf Befehl des Minifters von München, die von dem König Friedrich II. im Jahre 1743 zur Kaiferl. Armee als Volontairs abgefchickten Generals und Officiers nach Wien und hierauf nach Bayern, machte einen Feldzug mit, führte die Correfpondenz mit dem Könige und bereifte nach geendigten Aufträgen einen Theil Bayerns; fodann machte er die Reife auf der Donau nach Wien, wo er fich einige Zeit aufhielt und endlich nach Breslau zu feinem Poften zurückkehrte. Im Jahr 1745 verheirathete er fich mit Johanna Eleonora Kafelin, der Tochter eines Breslauifchen Kaufmanns, und wurde im Jahre 1746 von der Kammer zur Juftiz und zwar an die Königl. Preufs. Oberamtsregierung zu Oppeln als Oberconfiftorialrath und Oberamtsfecretair verfetzt. Hier genofs er der vorzüglichen Protection des Grafen von Röder und war wegen feiner in der Gegend hervorftechenden Kenntnifs in den fchönen und andern Wiffenfchaften, der Liebling des

dafi-

dafigen hohen Adels. Diefs war die befte
Epoche feines Lebens, die er durch den Abgang des Grafen v. Röder von der Regie-
rung vorlor, und er fah demnach nicht ungern,
dafs er 1762 an die Breslauifche Oberamtsregierung mit Beybehaltung feiner Qualität
verfetzt wurde. Hier übernahm er aufser andern gelehrten Arbeiten die Bearbeitung des
Landfchulfaches, und erhielt endlich auf fein
Begehren durch feinen grofsen Gönner, den
jetzigen Grofskanzler v. Carmer, im Jahre
1780 feine Dimiffion mit einer Penfion von
300 rthl. Er zog hierauf im Novbr. 80. in
mein Haus nach Pleffe in Oberfchlefien, wo
er eben fo unbemerkt wie zuvor lebte, fich
blos mit Vorbereitung zur Ewigkeit befchäftigte und den 3ten Jan. *) 1791 am Brande an
der Fufszehe und Altersfchwäche im 78ften
Jahre feines muftervollen Lebens mit Tode
abging."

Nun folget das vollftändige Verzeichnifs
feiner Schriften; da fich diefs aber eben fo in
Rötgers Nekrolog für Freunde doutfcher Literatur, St. I. S. 206 findet, und man vor-
ausfetzen darf, dafs Freunde der Bücherkennt-
nifs jenen Nekrolog von Rötger neben diefem
befitzen : fo foll es hier nicht wiederholt,

fon-

---

*) Nicht am 16ten, wie es im Nekrolog 1791 II,
303 heifst.

fondern nur noch einige, feine Schriften be-
treffendo Bemerkungen beygefügt werden.

Seine Überfetzung der Schriften des Ra-
cine über die Religion gab Veranlaffung zu
feiner ungefuchten Aufnahme als Ehrenmit-
glied in die Gefollfchaft zur Beförderung der
freyen Künfte zu Leipzig. — Der *Traité fur
la culture du murier blanc* wurde von ihm auf
Befehl des Staatsminiflers Grafen von Schla-
berndorf gefchrieben, um dadurch zu dem
damahls (1757) anfangenden Seidenbau zu er-
muntern. — Zu der mühfamen Überfetzung
des *Antilucrece* vom Card Polignac wurde er
von der Leipz. Gefellfch. der fr. Künfte und
von dem Profeffor Formey in Berlin aufge-
muntert. — Die *Flores* aus dem Seneca wurden zuerft in Warfchau gedruckt; indem er
diefe Arbeit zum Beften eines vertrauten
Freundes, der dort einen Bücherverkehr hatte, unternahm. Jene Warfchauer Ausgabe,
die aber wenig in das Publikum gekommen
ift, weicht fehr von der nachherigen Breslauer
(1761) ab, fowohl in Abficht der Wahl als
des Umfangs. Diefer letztere Auszug ift von
dem reformirten Realgymnafium in Breslau
zum Lefebuche in den obern Claffen angenommen worden.

Alle

Alle feine Schulfchriften fchrieb er auf
Befehl des Preufs. Oberconfiftorii und unter
der Auflicht des nachherigen Grofskanzlers
von Carmer; auch find fie in den Niederfchle-
fifchen Landfchulen wirklich eingeführt. Er
hatte mit dem Prälaten von Felbiger zu
Sagan, der um eben die Zeit die katholifche
Schulmethode verbefferte, Umgang, und führte einen Briefwechfel mit ihm. Auch ift eine
Seminarienanftalt für Landfchulmeifter nach
feinem Plane in Breslau errichtet und es follte
noch, um ein Ganzes in der Landfchulein-
richtung in Schlefien zu bewirken, eine En-
cyclopädie aller wiffenfchaftlichen Kenntniffe
für einen Landfchulmeifter, die im Manu-
fcript fertig war, dazu kommen; diefer einzige Auffatz aber ift nicht ans Licht getreten.

Eins feiner Bücher hat den Titel: Alte
geiftliche Gefänge nach neuer Mundart ver-
beffert. Breslau 1768. "Diefs war, fo fährt
der Sohn fort, eine feiner Lieblingsbefchäfti-
gungen. Bekannt mit dem innigen herzer-
weckenden Tone alter Kirchenlieder eines Lu-
thers, Dachs, Gryphius, Hans Sachfens,
Rift, Paul Gerhards u. f. w. verfuchte er nur
die anftöfsigen Härten durch Feile zu ver-
drängen, ohne ein neues Lied daraus zu machen, welches er für einen Hauptfehler bey
Verbefferung alter Lieder hielt. Er fuchte fich

alfo

alfo ganz in die Denkungsart des Dichters und
in fein Zeitalter hineinzudenken, und wenn
er den urfprünglichen Ton und Gang des alten Liedes erhafcht zu haben glaubte, fing er
feine Verbefferung an, um es mit folcher
Wahl zu feilen, dafs es für jetzo rein und
unanftöfsig feinen alten und körnichten Styl
beybehielt. Das aus diefem Gefichtspunkte
betrachtete er jede Verbefferung alter Lieder
und auch den Werth der feinigen. Die ganze
Sammlung, wobey er noch dazu vielen Wi-
derfpruch von Theologen in angefehenen Aem-
tern erhielt, die gegen alle Verbefferungen
eiferten, befteht aus eitel verbefferten alten Liedern und keinen aufgenommenen neuen von
Gellert und andern; und da fie nicht beym
öffentlichen Gottesdienfte angenommen wurde,
ift folche als ein blofser literarifcher Verfuch
oder etwan zur Privatandacht zu gebrauchen."

"Diefs von feinen Schriften, aufser denen
er noch manche kleine deutfche und franzöfi-
fche ungedruckte Auffätze verfertiget hat.
Seinen moralifchen Charakter hat der ungenannte Einfender mit vieler Genauigkeit gefchildert und in Abficht feiner literärifchen
Kenntniffe zeugen feine Schriften. Er war ein
fehr ftarker Lateiner und Grieche. In der
franzöfifchen und feiner Mutterfprache war
er ganz zu Haufe. Er kannte alle Feinheiten
                                        die-

diefer Sprachen und verwandte die beften erften Jahre feines Lebens an ein unaufhörlich
Studium derfelben. In der Hiftórie, alten
und neuen Erdkunde, war er voitrefflich be-
wandert, und in der Literärgefchichte konnte
fein Umgang eine mäfsige Bibliothek entbehrlich machen. Schöne Wiffenfchaften und
Künfte liebte er aufserordentlich und er war
felbft in poetifchen Auffätzen, vorzüglich im
didactifchen Fache, nicht unglücklich. Alles
diefes wurde jedoch durch das anhaltendfte
ftudiren und die Unterfuchung der Religion
verdrängt, welches er eifern und planmäfsig
anfing und bis an fein Ende fortfetzte. Pa-
triot, Menfchenfreund felbft mit Aufopferung
feines Vortheils, und praktifcher Chrift machten die Hauptzüge feines Charakters aus, und
er ftarb wie er gelebt hatte, als Weifer und
Chrift, mir ewig unvergefslich, da ich feinem Unterrichte meine Bildung ganz zu verdanken habe.

ἱερον ὑπνον

κοιμαται. θνησκειν μη λιγι τυς αγαθυς.

Der Schlaf zum beffern Erwachen."

J O H.

Joh. Fr. Haehn.

(Nekrol. 1790. II, 333.)

Es ist dort eine falsche Nachricht über die
Zeit und den Ort seines Absterbens abgedruckt. Er starb nemlich zu Aurich, den
4. Jun 1789. und gehört also schon dem Jahr
seines Todes zu Folge nicht in die Gränzen
des Nektrologs. Nachrichten über diesen
durch Schicksale und Charakter merkwürdigen Mann findet man übrigens in Henk
Archiv für die neueste Kirchengeschichte
II, 156. 6o3. und IV, 599.

Gráf Fr. Al. v. Brühl.

(Nekrol. 1793. II, 423.)

Der Minister Brühl liegt nicht in Dresden begraben, sondern seine Leiche wurde
nach Forste gebracht, und in der dortigen
Kirche ist ihm auch ein Monument errichtet.
Die Kreuz- und Neustädter-Schule in Dresden kann aber wohl den Sarg, als er in Pro-
cession von Dresden weggebracht wurde, be-
gleitet haben.

Joh.

JOH. AUG. EPHR. GOEZE.

(Nekrol. 1793. I, 182.)

In jener Biographie Gözens, die der
Freund und Verwandte deſſelben, Hr. Paſtor
Cramer, herausgegeben hat, und aus welcher der Nekrolog ſchöpfte, iſt ein wahrheit-
liebender und nicht übertreibender Erzähler
unverkennbar; indeſs ſind doch dem Haus-
geber des Nekrologs folgende Zuſätze zu jener
Schilderung in die Hände gekommen; die
von einem unpartheyiſchen Zeugen herrühren
und die dem Bilde mehr Aehnlichkeit und
Wahrheit geben.

Z. S. 183. "— ihm war von Jugend auf
eine groſse Lebhaftigkeit des Geiſtes eigen,
die bis an ſein Ende in allen ſeinen Handlungen unverkennbar blieb." — In Goezens
lebhaftem Temperamente, in der ihm eigenen
Reizbarkeit und in manchen Umſtänden ſeiner
Erziehung lag der Grund mancher ſeiner Fehler, von denen ihn hernach Jahre, Studien
und Erfahrung nie ganz heilten. Sein Vater
liebte ihn als ſeinen jüngſten Sohn vorzüglich,

lich, und, da er felbft die Ruhe liebte, überließ er ihn von der erften Kindheit an faft ganz der Auffcht und Leitung einer alten Haushälterin, welche denn auch Mutterftelle mit einer übermäfigen Zärtlichkeit bey ihm vertrat. Seine glücklichen Anlagen und die Leichtigkeit, womit er jeden Unterricht faße, machten, dafs man andere Fehler leicht überfah, und im väterlichen Haufe ihm gern in allem willfahrte. Hieraus entftand bey ihm fehr früh der Hang, nach Laune zu handeln, der nachher für ihn felbft zu einer läftigen Gewohnheit wurde. ██ konnte plötzlichen E███ällen nicht gut widerftehen, und fich faft bey keiner Sache anhaltend einigen Zwang auflegen. Es wurde ihm fchwer, fich nach irgend jemand zu bequemen. Die große Willfährigkeit, mit der man ihm in der Jugend bey feinen Wünfchen nachgegeben hatte, machte, dafs alles, was um ihn war, fich fpäterhin nach ihm richten mufste. ██fchah diefs nicht, fo wurde er leicht heftig ██ bey nachlaffendem Affecte verfiel er gemeiniglich in eine üble Laune, die ihn gänzlich verftimmte; dann bedurfte es aber auch nur einer Kleinigkeit, ihn gefchwind zum heiterften Frohfinn wieder umzuftimmen, und fo fand man ihn oft in wenigen Stunden ganz verändert, ohne dafs dazu eben eine bedeutende Urfache vorhanden war.

Hierin

Hierin lag zugleich eine der Hauptursa-
chen seiner allgemeinen Veränderlichkeit, die
sich faft über alle seine Handlungen und Unternehmungen erstreckte. Er war gewohnt,
fast immer mit Affect zu handeln und zu urtheilen. Eine Sache mochte ihn noch so sehr
an sich ziehen, so wurde sie ihm gewiß bald
gleichgültig oder gar zuwider, sobald er im
ruhigen Zustande war und seine gewöhnliche
Lebhaftigkeit eine Zeitlang ablegte.

So war es bey ihm mit Büchern, mit
Studien, mit Freunden, mit Vergnügungen,
kurz mit allem, so daß er sich bald für eine
Person, Sache oder Unternehmung schnell
und lebhaft interessirte, eben so bald aber
auch und durch einen kleinen Umstand gleichgültig werden konnte. Wer daher in Hinsicht
auf seine übrigen guten Eigenschaften sein
Freund war und es bleiben wollte, mußte seine Launen von Kälte und Gleichgültigkeit mit
Ruhe und Fassung können überhin gehen laf-
sen; sonst war die Freundschaft mit ihm von
keiner langen Dauer. Selbst wenn er wider
Sachen und Personen eingenommen war, so
konnte er, wenn sie zur glücklichen Stunde
bey ihm die rechte Seite berührten, sehr
leicht dafür gewonnen werden; und dann
spiegelte ihm der Affekt leicht vor, er habe
hinreichende Gründe gehabt, seine Meynung

zu ändern. Ob er gleich hernach oft genug
fand, wie fehr er fich geirrt hatte, fo konnte
er doch nie ganz Herr über diefen Fehler
werden, der ihn fo oft übereilte, und ihm
durch feine Folgen fo manche unangenehme
Stunde machte.

Zu S. 185. "Er trieb auf Univerfitäten
Predigerwiffenfchaften; Lectüre, die Phyfik
und Naturgefchichte betreffend, war für ihn
nur Sache des Vergnügens und der Erho-
lung." Dem mangelhaften Unterrichte, den
Goeze in theologifchen, hiftorifchen und
philologifchen Wiffenfchaften auf Schulen
und Univerfitäten genoffen hatte, ift es vorzüglich zuzufchreiben, dafs er in jenen Wiffenfchaften nicht die Fortfchritte machte, die
ihm fonft bey feinen glücklichen Anlagen
leicht-möglich gewefen wären. Göze geftand
felbft, dafs er in jüngern Jahren, verleitet durch die damahlige Art des philologifchen Unterrichts, der Meynung gewefen fey,
eine mäfsige Kenntnifs alter Sprachen reiche
hin, um in der Theologie glückliche Fortfchritte zu machen. Baumgartens tabellari-
fche Methode in der Theologie und befonders
in der Exegefe, half zwar feinen fleifsigen
Schülern bald dazu, mit fcheinbarer philofo-
phifcher Genauigkeit den biblifchen Text in

die

die kleinften Theile zerftückeln zu lernen,
und daraus allerley practifohe und theoretifche
Sätze herzuleiten; fie ûbte von gewiffen Sci-
ten den Scharffinn und leitete vom alten trä-
gen und polemifchen Wege wieder auf einen
etwas beffern; aber bis zum wahren Geift der
ächten biblifchen Auslegung war noch ein
weiter Schritt zu thun. Deswegen konnte
auch Göze damals feine guten Fähigkeiten auf
diefes Studium nicht mit dem Erfolge ver-
wonden, als er fpäterhin würde gethan haben,
wenn er einen Ernefti, Semler, Nöffelt
u. a. zu Lehrern gehabt hätte. Fleifs und
Lectûre verhalfen ihm zwar fpäterhin zu beffern Einfichten in den Geift der Religion; ja
er fing einmahl, da er fchon einige Zeit Prediger gewefen war, an, die Bibel in ihren
Grundtexten von neuem zu ftudiren; aber
er war mit den alten Sprachen nun nicht fo
vertraut, dafs er in diefen Fächern noch grofse Fortfchritte hätte machen können, und der
langfame Fortgang eines folchen Unterneh-
mens, wenn man es in männlichen Jahren
erft anfängt, brachte ihn bald wieder davon
ab. Er fühlte und äufserte das felbft, und
diefs war eine von den Urfachen, warum
er hernach Nahrung für feine Thätigkeit in
einem Fache fachte und fand, das aufser den
Grenzen der Theologie lag. So leicht er fonft
einer Sache überdrüfsig werden konnte, fo

feſt hing er an dem Studium der praktiſchen
Naturgeſchichte, das ganz für ihn gemacht
ſchien. Die unendliche Mannichfaltigkeit
neuer Gegenſtände, die ſich hier darbieten,
das Unterhaltende, das mit ihrer Unterſuchung verbünden iſt, das Anziehende neuer
Entdeckungen, gaben ſeiner Lebhaftigkeit
fortwährend hinreichende Nahrung. Er blieb
deswegen dieſer Wiſſenſchaft auch bis an ſein
Ende getreu, auſſer, daſs er in ſeinen letzten
kränklichen Jahren mehr darüber ſchrieb als
beobachtete.

Seine erwähnte groſse Lebhaftigkeit war
Urſache, daſs er oft ſchnell Freundſchaften
mit Perſonen knüpfte, die ſeiner nicht würdig
waren, oder ſonſt nicht zu ihm paſsten, und
daſs er ſich alſo nachher oft über getäuſchte
Erwartungen und über Undank beſchwerte;
eben daher kam es aber auch, daſs andere
ſich oft mit Recht über die Veränderlichkeit
in ſeinem Betragen gegen ſie beſchwerten.
Auswärtige Gelehrte und Fremde, die ihn
ſehr häufig beſuchten, fanden eben deswegen
zuweilen eine ausgezeichnet warme Aufnahme, zuweilen war er aber auch auffallend kalt.
Oft machte ihn freylich, beſonders in den
letzten Jahren, ſeine Kränklichkeit unfreund-
lich, oft auch die unhöfliche Zudringlichkeit
derer, die ihn beſuchten, und die zuweilen

ſelbſt

felbft Sonntags, wo feine Amtsgefchäfte ihn
doch abhielten, fich bey ihm melden liefsen.
Nichts ift gewöhnlicher als Klagen der Reifen-
den über die Aufnahme, die fie bey man-
chem Gelehrten und Künftler finden ; wer
aber auch weifs, wie unartig und zudringlich
fich manche Befuchende benehmen, wird
fich durch folche einfeitige Befchuldigungen
nicht irre führen laffen, und Männer nicht
nach den Anecdötchen beurtheilen, die hin
und wieder von ihnen erzählt, auch wohl
gedruckt werden. Göze klagte befonders
über die Befuche unwiffender Leute, die ihm
zuweilen viele Zeit verdarben, feine Bücher,
Inftrumente und Naturlien ohne wahren Antheil begafften und ihn mit ewigen Fragen
peinigten. Er hatte die Gabe, Sachen mündlich ausnehmend angenehm, lichtvoll und
belehrend darzuftellen, und that das häufig
bey Vorzeigung feiner Sammlungen mit vieler
Gefälligkeit; allein, wenn er nun folchen
Leuten ftundenlang vordemonftrirt hatte, und
durch alberne Fragen oder fade Einwendungen erfuhr, dafs fie nichts von alle dem begriffen hatten, fo war feine Geduld auch mit
einem Mahle am Ende. Seine Erklärungen
hatten deswegen fo viel Anziehendes, weil
er immer mit eigner warmer Theilnahme fprach und fich dabey verweilte, was feine jedesmaligen Zuhörer befonders intereffirte.

Eben

❤ Eben in diefen vorzüglichen Talenten
liegt auch wohl wieder die Urfache feines
fchriftftellerifchen Charakters. Eine ungemei-
ne Leichtigkeit und oft fehr anziehende Darftellung zeichnen feine Schriften unläugbar
aus; allein da vieles ein Intereffe für ihn hatte, auch wohl bey der mündlichen Demon-
ftration für andere bekam, was nicht fo erfcheint, wenn man den kritifcheren Lefer auf
dem Papiere damit unterhält, und er beym
Niederfchreiben diefen Unterfchied nicht vor
Augen hatte: fo verfällt er oft in feinen Auffätzen in eine wortreiche Weitfchweifigkeit
über Kleinigkeiten. Er ftrich fchwerlich etwas aus, das er einmahl niedergefchrieben
hatte, und mufste alles feinen Lefern mittheilen, was er bey einer Sache fand, gefunden
zu haben glaubte oder dachte, wovon feine
Lefer in feinem Allerley, in den Harzreifen,
in den Bänden über Natur, Menfchenleben
und Vorfehung, mehrere Belege finden werden. Hätte er langfamer, mit mehrerer Kälte
und Prüfung gearbeitet, fo würde er feinen
Schriften weit mehr Correctheit haben geben
können, da es ihnen jetzt fo oft an der Ab-
fonderung des Wichtigen von dem Minder-
wichtigen fehlt. Seine lebhafte Einbildungskraft verleitete ihn auch wohl mitunter, die
Sachen in der Darftellung zu übertreiben,
und zuweilen mehr oder weniger zu finden;

als

als wirklich da war; ja, so treu sein Ge-
dächtniß im Allgemeinen war, führte ihn
doch die Einbildungskraft zuweilen so irre,
daß er manches nichts weniger als richtig
darstellte und blofse Bilder der Imagination
mit einmischte;*) besonders dann, wenn er
zum Voraus einen Gesichtspunkt gefaßt hatte,
den er für den rechten oder wichtigsten hielt,
woraus die Sache angesehen werden sollte.
Er irrte zwar auch dann nicht mit Vorsatz
oder wollte irre leiten, sondern er hinterging
sich selbst.

— Die Neigung zur Sparsamkeit und zur
Vermehrung seines Vermögens wurde in seinen
letzten Lebensjahren immer sichtbarer. Früher wurde sie durch sein lebhafteres Interesse
an andern Dingen sehr gemindert und zeigte
sich nur in der sehr pünktlichen Verwaltung
seiner Geldangelegenheiten. Späterhin, wo
er es weniger nöthig hatte, schränkte er sich
auf allen Seiten ein, trieb fast einen beständigen Handel mit seinen Büchern und andern
Sachen, schickte an einige auswärtige Gelehrte

k 5

————————————
*) Man vergleiche hiermit Nekrol. 1793, II, 340. in
   der Biographie des Pastor Heffe in Bleicherode,
   von welchem Gäze in der 4ten Harzreise, S.
   119—197 eine sehr verschönerte und zum Theil
   wirklich unrichtige Nachricht giebt.

te Exemplare feines Buchs über die Inteftinal-
würmer und bekam dann von ihnen die Bezahlung nur mit Unwillen oder die Bücher
zurück, bot in der Vorrede zu dem Verzeich-
niffe feiner Naturalien Sammlung diefe für den
fehr hohen Preis von 1000 rthl. und dabey
noch unter der Bedingung, fie zeitlebens zu
behalten, (fo fehr ihm auch Freunde abrie-
then, eine folche Forderung mit einer fo wenig billigen Bedingung drucken zu laffen,)
u. dergl. m.

Noch einige Bemerkungen über feinen
Charakter als Gelehrter und Schriftfteller. Bekanntlich wurde er das letztere erft fpät. Da
er fich vorher immer mit diefem oder jenem
Theile der Wiffenfchaften abgegeben hatte,
fo hatte er fich auch eine Menge nützlicher
Kenntniffe gefammelt; weil aber das Praktifche immer fein Hauptgefichtspunkt gewefen
war, fo hatte er fich nie lange bey einzelnen
Gegenftänden aufgehalten, oder fich eigentlich
in tiefe Unterfuchungen darüber eingelaffen.
Hingegen ftanden feinem glücklichen Gedächtniffe mannichfaltige Kenntniffe, durch Lectüre
und Erfahrung gefammelt, bey jeder Gelegenheit zu Gebote. Es that ihm Schaden, dafs
er manche Theile der Wiffenfchaften nicht
fleifsiger theoretifch ftudirt hatte; er war mit
der Mathematik und Phyfik unbekannt. Jene
hatte

hatte ihn nie beſchäftigt, denn ſie erfordert
mehr Geſchmack an ſpeculativen Unterſuchungen, als er hatte; deswegen waren ihm auch
ihre erſten Principien unbekannt, und bedür-
fenden Falls läſst ſich aus ihr nichts einzeln
erborgen, wenn man ganz fremd darin iſt,
ſo wie aus andern Fächern doch zur Noth
geſchehen kann. Dieſen Mangel fühlte Göze
öfters nachher bey ſeinen naturhiſtoriſchen
Beſchäftigungen. Eben dieſer Fall war es mit
der Phyſik; hätte er auch dieſe früher ſtudirt,
ehe er ſich auf Naturhiſtorie legte, ſo würde
er in manchen Punkten viel weiter haben gehen können, und mehr im Stande geweſen
ſeyn, ſeine vielen ſchönen Beobachtungen zu
verbinden und durch philoſophiſche Unterſuchung unter allgemeine Geſichtspunkte zu vereinigen. Im einzelnen half er ſich allenfalls
wohl noch, da es ihm nicht an Büchern fehlte, die er immer ſehr gut zu gebrauchen
wuſste.

Hierin und in ſeiner Lebhaftigkeit lag
der Grund, daſs er ſich zwar groſse Verdienſte um die Naturhiſtorie durch ſeine zahl-
reichen Unterſuchungen und durch viele
Entdeckungen erwarb, aber ſie nur bis
auf einen gewiſſen Punkt trieb und dann
zu etwas andern wieder überging, da es
ihm nie an neuem anziehendem Stoffe fehlte.
Daher

Daher findet man auch unter feinen naturhi-
ftorifchen Arbeiten keine folche mit philofo-
phifcher Genauigkeit und Ausführlichkeit
vollendete Unterfuchungen, als wir von Ly-
onnet, Bonnet, u. a. haben. Er verfuchte es ein paarmahl, einen Gegenftand auf ähn-
liche Weife zu bearbeiten, liefs aber bald
wieder davon ab, und ging zu feiner frü).orn;
populären Manier wieder über. Die Naturgefchichte würde ihm ficher noch weit mehr
zu verdanken haben, wenn er fich nicht fo
bald von dem Wege der forgfältigen eignen
Unterfuchung entfernt und ftatt deffen das
Schreiben zu feiner Hauptfache gemacht hätte.
Allein eben feine Neigung zur Abwechslung
verleitete ihn dazu, und machte bey dem fort-
währenden Beyfalle, den feine Schriften fanden, dafs fich feine Thätigkeit über fo fehr
mancherley Materien verbreitete. Er machte
nur noch gelegentlich eigne Beobachtungen
und fchrieb mehr aus Büchern. Seine erften
Schriften bleiben daher auch für feine Wiffenfchaft und den Naturhiftoriker die wich-
tigften; die letztern find grofsentheils nur für
Dilettanten und vermifchte Lefer. Sie laffen
fich alle angenehm lefen, ob man gleich wünfchen mufs, dafs in allen vieles weggefchnit-
ten und die Gedanken mehr concentrirt wären. Die dialogifche Form, deren er fich in
denfelben bedient, verleitet fo leicht zur Red-

feelig-

Seeligkeit, zumahl da er in feinen Gefprächen
immer Kinder aufführt, die belehrt werden
follen. Er hat unter feinen Papieren ein Ma-
nufcript über das Leben Jefu, und ein anderes,
eine Erläuterung des Lutherifchen Katechis-
mus durch Beyfpiele, beyde in dialogifcher
Form, unvollendet hinterlaffen; diefs wären
der Anlage nach fehr weitläuftige, bänderei-
che Bücher geworden, wenn fie in der ange-
fangenen Manier hätten follen zu Ende gebracht werden. Deswegen foll feinen vielen
vermifchten Schriften, zu denen er jeden Stoff
und alles benutzte, was ihm Lektüre, Umgang, kleine Zufälligkeiten u. f. w. darboten,
ihr Werth nicht abgefprochen werden; fie haben
offenbar ihren grofsen Nutzen, aber fo viel
ift ficher, fein Hauptfach, die Entomologie
würde noch viel durch ihn gewonnen haben,
wenn er dabey allein geblieben wäre.

Eine Lieblingsmaterie war ihm die Be-
ftreitung des Aberglaubens, worin er fehr
glücklich war; nur widerlegte er oft manche
alte Träumerey, die von feinen Lefern fchwerlich jemand mehr glaubt, und ift dabey fehr
weitläuftig, anftatt dafs er fich mehr auf
Darftellung der richtigen Begriffe hätte ein-
fchränken follen. Unter fo manchen andern
Vorzügen mufs man ihm nachrühmen, dafs
er aus feinen Kenntniffen und Entdeckungen
keine

keine Geheimniſſe machte. Es war ihm die
gröſseſte Freude, mündlich oder ſchriftlich
mitzutheilen, was er wuſste.

Seine glückliche und leichte Verfah-
rungsart in Behandlung und Unterſuchung
der Naturſachen zeigte und lehrte er gern jedem, der ſie ſehen wollte, und ließ ſich ſelbſt
die Mühe nicht verdrieſsen, ſie Auswärti-
gen in Briefen und Aufſätzen zu beſchrei-
ben. Es wäre zu wünſchen geweſen, daſs
er den Vorſatz ausgeführt hätte, den er mehrere Jahre vor ſeinem Tode gefaſst hatte, über
ſeine Methode in der Behandlung des Mikro-
ſcops und Mikroſcopiſcher Objecte ein eignes
Buch zu ſchreiben und darin alle von ihm ge-
fundene Vortheile bekannt zu machen. Andere Arbeiten, in die er ſich nachher einließ,
haben ihn aber zum Schaden der Naturkündi-
ger, von dieſem nützlichen und intereſſanten
ſchriftſtelleriſchen Unternehmen abgebracht.

Mo.

MOZART.

(Nekrol. 1791, II, 82.)

Jede, auch kleine Anekdote, die diefen un-
fterblichen Künftler betrifft, verdient Aufbe-
wahrung und Verbreitung. S. 108 in der
Biographie Mozarts im Nekrolog, die aus Papieren feiner Schwefter und Freunde in Salzburg entftanden ift, wird das berühmte Requiem deffelben erwähnt. Jetzt giebt uns H.
W. Wittich im Leipz. Allg. Lit. Anz. 1798
No. IV. eine diefes Requiem betreffende Anekdote, die ein glaubwürdiger Mann aus dem
Munde der Wittwe Mozarts felbft gehört zu
haben verfichert.

Zu einer Zeit, da Mozart mehr als jemals mit Arbeiten, die er theils zu feinem
Vergnügen, theils für andere übernommen
hatte, befchäftiget war, kömmt ein ihm un-
bekannter Mann mit dem Antrage, ein Requiem für ihn zu komponiren. Er habe, fagte er, den Auftrag dazu von einem katholifchen Fürften erhalten, der es aber bald zu
haben wünfche, um, da er dem Ende feines
Lebens bald entgegenfehe, fich bey der Auf-
füh-

führung des Requiem zu ~~feinem~~ Tode gleich-
fam eines Theils vorzubereiten, andern Theils
aber auch dem Gedanken daran einen Theil
feiner Bitterkeit zu benehmen, — und was er
noch mehr dem ähnliches fagte. Mozart verfpricht diefe Arbeit zu übernehmen, bedingt
fich aber dazu 5 Monate Zeit aus, weil er feine andern Arbeiten dadurch nicht hintanfetzen
und doch gleichwohl das Requiem *con amore* bearbeiten wolle. Der Unbekannte ift es
zufrieden, und giebt ihm hinlängliche Sicherheit über 400 Dukaten als die Bezahlung
dafür, obgleich Mozart nur 200 gefordert
hatte.

Mozart fängt die Arbeit an, und findet
bey der Fortfetzung, dafs fie mehr, als irgend
fonft eine Arbeit feinen Geift befchäftiget und
feinen Ideen einen erhabnen Schwung giebt;
fie feffelt ihn ganz und er vergifst fich fo fehr,
dafs er aufser dem Tage noch einen Theil der
Nächte damit zubringt. Seine Frau, welche
diefe Anftrengung für feine Gefundheit fürchten läfst, nimmt ihm die Partitur weg und
verfchliefst fie in ihr Pult. Er aber weifs fie
bald wieder in feine Hände zu bekommmen,
und fagt nun zu feiner Frau, dafs er das Requiem zwar für einen andern übernommen
habe, für fich aber nun componire, um es
ihr und feinen Freunden als ein Andenken zu
hinter-

hinterlaſſen. So hat alſo dieſe in ihrer Art
einzige Muſik ihr Daſeyn den Talenten eines
Mannes zu verdanken, der ſie in beſtändiger
Hinſicht auf ſich ſelbſt und das Ende ſeines
Lebens, das er vielleicht damahls nicht fern
mehr fühlte, bearbeitete, und mein Freund,
der mir dieſe Anekdote mitgetheilt hat, und
ſo glücklich geweſen iſt; dieſe Muſik aufführ-
ren zu hören, verſicherte mich, daſs ihn einige Stellen daraus bis zu Thränen gerührt
hätten. Statt der drey Monate, welche Mozart dieſer Arbeit Anfangs beſtimmt hatte,
brachte er ſie nun in vier Wochen zu Stande,
und doch iſt das Requiem ſo lang als die Muſik zu einer Oper. Kurz nach Beendigung
deſſelben, lieſs er es durch ſeine Freunde in
ſeinem Hauſe aufführen. Innigſt gerührt und
heftig erſchüttert entlieſs er dieſe, legte ſich
in einem, fieberhaften Zuſtande zu Bette und
des andern Morgens um 10 Uhr war er nicht
mehr.

Joh. Friedrich Reifenstein.

(Nekrol. 1793. I, 2.)

In der Oberdeutſchen allgemeinen Literatur-
Zeitung 1796, pag. 730. ſind bey Gelegenheit
einer Recenſion des Nekrologs einige Unrichtigkeiten in Reifenſteins Biographie angezeigt
worden, deren Berichtigung hier aufgenommen werden muſs. Es heiſst:

"Reifenſtein zeigt ſich in einem trügen-
den Lichtglanze; [*]) er iſt kein Ritter ohne
Tadel; er hatte viele Schwächen, war oft un-
gerecht

[*]) Iſt dieſe Behauptung wahr, ſo iſt es wenigſtens
meine Abſicht ſicher nicht geweſen, ihn verſchö-
nert darzuſtellen, oder mit Partheylichkeit ſeine
Fehler zu verſtecken. Ich habe gerade die Nachrichten, dieſen Verſtorbenen betreffend, auf den
mühſamſten Wegen zuſammengebracht, mehrere Zeugniſſe darüber abgehört und dann das Re-
ſultat davon mit der Gewiſſenhaftigkeit, die ich
als eine mir obliegende heilige Pflicht in allen
Verhältniſſen betrachte, gegeben.

gerecht gegen fremdes Verdienſt, das ihm huldigte. Die Klagen vieſer gegen ihn ſind nicht
ganz ohne Grund. Recenſent iſt indeſs weit
entfernt, die moraliſchen Blöſsen dieſes Man-
aufzudecken. Nur einige Unrichtigkeiten, die
in der Biographie deſſelben vorkommen, muſs
er rügen,"

"Das enkauſtiſche Cabinett, das nach S.
20. Reifenſtein für die ruſſiſche Kaiſerin von
Delra, Cades und Angeloni mahlen lieſs, exi-
ſtirt wohl; nur arbeitete Cades nicht daran,
und Delra ſoll wohl D e l e r a heiſsen; denn
von dieſem ſind die kleinen Figuren auf den
Pilaſtern, und von A n g e l o n i die Arabesken;
C a m p o v e c c h i o lieferte dazu ein paar ſchö-
ne Landſchaften und N e ſ ſ e l t h a l e r drey hi-
ſtoriſche Stücke und zehn kleinere im Ge-
ſchmacke der Kameen. Die ſogenannten Logen Raphaels wurden nicht von U n t e r b e r-
g e r, wohl aber b e y Unterberger, der die
Leitung des Geſchäftes hatte ; im Studio
gemahlt. Wenn der Nekrolog behauptet, die
Hauptſtädt des Nordens werde durch dieſe
künſtliche Fortpflanzung dieſe berühmten Werke des groſsen Raphaels (nicht vielmehr ſeinet
Schüler?) bald allein beſitzen, indem die Ori-
ginale in Rom ſchon ſehr gelitten haben und
bald ſo gut als nicht mehr vorhanden ſeyn
werden, ſo zweifelt Recenſent ſehr, ob dieſe

Behauptung je eintreffen werde. Allerdings haben die römifchen Logen etwas gelitten; aber nur an den Seitenwänden; die Plafonds find herrlich erhalten. Die ruffifchen Copien bingegen find nicht, wie es im Nekrolog heifst, mit Oehlfarben, fondern blos mit *a tempora* Farben gemahlt. Auch dürfte die Aehnlichkeit derfelben mit den römifchen Originalen nicht fehr grofs feyn; denn die guten Künftler arbeiteten gröfstentheils nur nach Kupfern, Peter mehr nach Natur. Von ihm find die fchönen Blumenwerke mit den darauf fitzenden Thieren. Die Gypsfiguren wurden gemahlt; viele find von Neffelthaler, der $1\frac{1}{2}$ Jahr an den Logen mit arbeitete. Ueberhaupt ward an denfelben ziemlich gemächlich 10 Jahre lang gearbeitet, und fie kamen der Kaiferin weit über 30,000 Scudi zu ftehen, ein hoher Preis, dem die darauf verwandte Sorgfalt vielleicht nicht ganz entfprach. — Reifenftein war ein beredter Cicerone, auch Freund und Kenner der Kunft; aber felbft Künftler war er nicht. Die kleinen Verfuche, die er oft anftellte, geben ihm keinen gültigen Anfpruch auf diefen Namen. Er freute fich über die Wiedererfindung der Enkauftik; aber er felbft trug, aufser Ermunterungen, dazu nicht bey. Die theoretifchen Kenntniffe, die er in diefem Fache hatte, verdankte er dem Abbate Requeno, und die praktifchen den Künftlern, mit denen er Um-

gang

ging hatte, wozu in der Folge Neſſelthaler kam. Auch die künſtlichen Mondſcheine, womit er bey der verwittweten Herzogin von Weimar grofs that, waren von Neſſelthaler; denn dieſem Künſtler ging es ſehr oft, wie dem Dichter: *Hos ego verſiculos feci, tulit alter honores.*"

———————

PETER HASENCLEVER.

(Nekrol. 1793. II, 116 ff.)

———————

Die merkwürdige Geſchichte dieſes Mannes war es werth, dafs man ſie aus jenen drey Stükken der Schleſiſchen Monatsſchrift zuſammen drucken liefs. Es iſt diefs geſchehen, und ein ſehr ſauberer Abdruck davon: "Peter Haſenclever. Landeshut. 1794 271 Seiten 8." kann dazu beytragen, die in ſo vieler Hinſicht nützliche Geſchichte dieſes erfahrnen Mannes noch weiter zu verbreiten. Der Anhang dieſer beſonders gedruckten Biographie enthält von Seite 125 an Briefe und Aufſätze Haſenclevers, theils über Nordamerika und den dortigen Handel, theils über den Schleſi-

ſchen

fchen Leinwandhandel , welche zeigen , wie
wahr das Lob ift, dafs Hafenclever unter die
fcharffinnigften, vielumfaffendften Männer feines Standes gehöre. Aufser diefen gedruckten
Auffätzen finden fich unter feinen hinterlaffe-
nen Papieren noch mehrere von eben fo ge-
meinnützigem Inhalte, die er feit feiner Nieder-
laffung in Landshut ausgearbeitet hat; z. B.
Expofition der Europäifchen Handlung für die
Seehandlungscompagnie; Notizen über den fpa-
nifchen Handel für den K. Preuffifchen Gefand-
ten in Madrit 1781.; — ein fehr ausführlicher
Plan zur Vergröfserung der Handlung in den
Preuffifchen Staaten durch auswärtige Etabliffe-
ments, von 1778. — Alle find, wie die hier
mitgetheilten, nicht nur Beweife von feinen
ausgebreiteten Handlungs-Kenntniffen , fondern
auch ein ehrenvolles Denkmahl feines patrio-
tifchen Geiftes und feiner gemeinnützigen Thä-
thigkeit,

Zu der Biographie, die im Nekrolog von
ihm geliefert ift , gebe ich hier noch einige Bemerkungen, die mir ein ehrwürdiger Freund mitgetheilt hat, der ihn 1773, als Hafenclever nach
feinen mifslungenen Unternehmungen aus Amerika zurück kam , in Utrecht kennen lernte,
und der fich freute, im Nekrolog die Biographie diefes Mannes, der ihm fo lange aus dem
Gefichte gekommen war., zu finden.

"Da

"Da er fehr mittheilend war, fchreibt mir diefer fehr gültige Zeuge, fo unterhielt ich mich mehrere Stunden mit ihm auf das angenehmfte. Es ging mir mit ihm gerade wie dem General Winterfeld; (Nekrol. a. ang. O. p. 131) er fagte mir in wenigen Stunden über Amerika, das mich damals gar fehr intereffirte, viel mehreres, als ich auf irgend einem andern Wege hätte erfahren können. Es ift ficher, (was p. 160 von ihm gefagt wird,) dafs er mehr über Amerika wufste, als viele angeftellte Männer in England, die es fich anmafsten, von ihrem Cabinet in Weftmünfter aus Amerika zu regieren. Vorzüglich hatte er eine kleine Anzahl Blätter über alles, was den Handel diefes Landes betraf, die er in der Täfche trug und jeden Augenblick hervorzog, gerade in der Art, wie das p. 150. erwähnte Buch, deffen Verluft er fo bedauerte. Ich hätte ihm damals gern 50 Louisd'or für eine Copie diefer Blätter gegeben; denn fie enthielten eine vollftändige Statiftik der damals erft werdenden 13 Colonien, wo alles aufgezeichnet war. Nach diefen feinen Angaben, die ich aus feinem Munde aufgefammelt hatte, verfertigte ich im Jahr 1784 ein Memoire als Antwort auf das Memoire des John Adams; es findet fich von dem erftern eine Ueberfetzung in den holländifchen Anzeigen, wo es aber fälfchlich dem Verfaffer des Buchs *La richeffo de la Hollande* zugefchrieben wird.

Auf Hafenclevers Autorität fahre ich noch bis diesen Augenblick fort zu behaupten, dafs sich die Amerikaner durch die Revolution einen wefentlichen Schaden gethan haben, und in ihrem Handel um mehr als ein halbes Jahrhundert rückwärts gegangen find. Das, was Sie p. 161 als feine Meynung anführen, dafs die Engländer immer fortfahren würden, in Abficht auf den Handel den Vorzug über jede andere Nation bey den Amerikanern zu behaupten, ift buchftäblich das, was er mir damals in Utrecht fagte und was ich in meinem erwähnten Memoire mit Gründen unterftützt habe."

"Sonderbar ift es, dafs, ohne je etwas von der Gefchichte Hafenclevers in England zu wiffen, (denn er fprach mit mir davon nicht) ich doch wahrfcheinl, feinen Antagoniften F o r e ft, den Sie p. 146 Commodore nennen, als Capitain F o r e ft zu Boulogne gekannt habe, wenigftens wenn es derfelbe ift, von dem man eine Reife nach Oftindien hat. Er war ein treflicher Seemann, gut, brav, den ich nie im Verdacht fchlechter Händel würde gehabt haben. Seine andern Feinde habe ich nicht gekannt; aber fo viel getraue ich mir zu behaupten, dafs Sie den General G r e e m e (p. 146) falfch orthographire Es giebt keinen ähnlichen Nahmen in den drei Königreichen. Es ift *Graham*, ein bekannter

fchot-

Schottischer Nahme, den man in England
Greem und in Schottland fast wie *Grim* aus-
spricht. Der Titel Commodore ist kein Amts-
titel in der englischen Marine; jeder Capitain
eines Kriegsschiffes nimmt ihn auf der See an,
sobald sich ein oder mehrere Schiffe zu ihm ge-
sellen und sich unter seine Befehle begeben.
Dann heifst er Commodore, oder Chef einer
Escadre, für diese Expedition und nur so lange
sie dauert. So glaube ich also immer, dafs Ihr
Commodore mein Capitain Forest ist."

Ph. Ludw. Wittwer,

(Nekrol. 1792. I, 270.

Bey jenem biographischen Auffatz liegt dasjenige zum Grunde, was Wittwer zu seinem
Portrait als Lebensbeschreibung hinzugefügt
hat, (Mosers Sammlung von Bildnissen. I. Th.
No. 30.) nebst dem, was mir einige seiner nürn-
bergischen Bekannten und Freunde hand-
schriftlich mitgetheilt hatten. Kurz darauf
feyerte auch der Blumenorden, wie er es
bey absterbenden Mitgliedern zu halten pflegt,

I 5   Witt-

Wittwers Andenken; *) in der Rede, die der
Gefpiele feiner Jugend und fein vertrauter
Freund, der ehrwürdige Prof. Vogel, feinem
Andenken hielt, kömmt einiges vor, was noch
als Nachtrag zu jener Schilderung diefes ganz
befonders merkwürdigen Mannes hier beyge-
bracht werden muſs, indem es zugleich pſycho-
logifch betrachtet nicht unwichtige Bemerkungen find.

Der Hauptzug in dem Geifte Wittwers
war ein höchft zartes Gefühl für alles
Schöne, das köftlichfte Gefchenk der Natur,
das die fchätzbaren Eigenfchaften erft liebens-
würdig macht, und dem Manne, dem es ver-
liehen ift, nicht blos den Beyfall des Verftandes, fondern die Herzen aller, die ihn kennen,
gewinnt. Diefe Empfindung für das Schöne be-
fchleunigte, bey der Leichtigkeit zu faffen,
feine Fortfchritte in der Kunde fremder Sprachen, und machte feinen eignen Vortrag ge-
fchmackvoll und angenehm; fie machte ihn
zum feinen Gefellfchafter und verfchönerte alle

*) "Denkmahl der Freundfchaft dem verewigten
etc. Wittwer, ord. Phyfic. in Nürnberg und
Mitgliede des Blumenordens dafelbft errichtet im
Namen der Gefollfchaft von P. J. S. Vogel,
der Theol. ordentl. Lehrer in Altdorf. Nürnberg,
1793. 16 Seiten, 4."

le feine Tugenden. Ja felbft auf feinen Beruf
hatte fie Einflufs; denn die feine Bemerkungs-
gabe, welche mit dem Schönheitsgefühl verbunden ilt, fchärft auch den Blick des Arztes
in Beurtheilung des Gefundheitszuftandes, welche nach Kennzeichen gemacht werden mufs,
die oft nur allzu vieldeutig find, und von deren richtiger Deutung doch häufig der Erfolg
der Kur abhängt.

Er hatte in Erlernung der Sprachen, befonders der lateinifchen, eine beneidenswürdige
Leichtigkeit. So bald er die erften Anfangs-
gründe genau gefafst hatte, bahnte fein Geift
fich felbft den Weg. Er drang in den Genius
der Sprache ein, und weidete fich an den
Schönheiten der klaffifchen Schriftfteller, befonders der Dichter, in denen er der Schwierigkeiten weit weniger fahd, als manche feiner
Mitfchüler von nicht geringern Gaben; er ver-
ftund dunkle Stellen durch das Gefühl, noch
ehe er fie grammaticalifch oder kritifch entwik-
kelt hatte, und er war fo glücklich, an den
Rector und Profeffor Schenk einen Lehrer
zu haben, der diefes Gefühl fchärfte und be-
richtigte.

Die Lectüre der fchönen Geifter unfrer
Nation hatte ihm den Vorfchmack von den
Schönheiten der Alten fchon gegeben. Seine
Jugend

Jugend fiel in die Morgenröthe unfrer fchönen
Literatur, und er verfchlang mit dem damahls
unter den Jünglingen befferer Art allgemeinen
Enthofiasmus nicht nur die Meifterwerke der
noch jetzt klaffifchen deutfchen fchönen Geifter, fondern auch die kritifchen Werke, welche, zum Glück unfrer Literatur, einen richtiger und geläuterten Gefchmack verbreiteten,
und mit ftrenger Kritik die üppigen Auswüchfe
des wirklichen Genies unter der Schere hielten
und den Parenthyrfus des Aftergenies dem
Spotte des Publikums Preis gaben.   -

Er brachte mit dem jetzigen Prof. Paul
Joach. Siegm. Vogel, mit Roth u. a. glückliche
Abende durch die Lectüre neuer Schriften hin,
und fchon damals erhöhete feine Declamation
die Schönheiten der Werke, die fie fich ab-
wechfelnd vorlafen.   Denn er würde in der
Folge ein Meifter in der Kunft der Declamation,
und gab allem was er las, dem Komifchen,
dem Rührenden, der Abhandlung und der Erzählung, den paffenden Ausdruck.   Seine eignen Arbeiten waren voll Anmuth und Würde,
und felbft in dem was er flüchtig hinwarf, im
Gefpräche und in ganz unvorbereiteten Vorträgen drückte er fich mit einer beneidenswürdi-
gen Leichtigkeit, Stärke und Anmuth aus.

Ueber-

Ueberhaupt war er der liebenswürdigste
Gesellschafter. Er war die Seele der Unterhaltung, und lenkte sie mit meisterhafter Gewandt-
heit nach seinem Gefallen. Seine ausgebreiteten Kenntnisse, seine vielen und benutzten Erfahrungen, sein Reichthum an eignen, selbst
gefundenen und schön geordneten Ideen, verbunden mit seiner Weltkenntnifs, mit seiner
Sprache, machten ihn in ernsthaften Unterredungen hinreissend angenehm ; und bezau-
bernd wurde er, wenn er von solchen zum
leichten, witzigen, freundschaftlichen Scherze
überging und sich der Fröhlichkeit und Freude überlies, zu welcher er alle seine Gesellschafter zu stimmen wuſste. Als Wirth dachte
er auf Alles, was seinen Gästen Vergnügen machen konnte; nach i h r e m Geschmack gab er
den Gegenstand und den Ton der Unterhaltung
an; ihren Geschmack suchte er durch alle Mittel zu befriedigen, welche die Freude eines
ihnen geweihten Tages oder Abends erhöhen
konnten; man kann sagen, er studirte darauf,
einen solchen Tag ihnen zum Feste zu machen
und es miſslang ihm nie. Aber er war keiner
von den Eigennützigen, die durch das Vergnügen ihrer Freunde nur ihr eignes zu befördern
suchen; keiner von den Bequemen, die ihren
Freunden nur da dienen, wo es ohne einige
Ungemächlichkeit geschehen kann; er war ein
ernstlicher Freund, sorgte für das Glück seiner

L... Freun-

Freunde, und ließ keine Gelegenheit vorbey
ihrer auch öffentlich mit Achtung und Liebe zu
erwähnen. Thätige Großmuth erwies er nicht
nur an Freunden, wenn die Umstände es for-
derten, sondern in der That an jedem, den er
kräftiger Unterstützung würdig und bedürftig
erfand. Vorzüglich unterstützte er die Meister
in den bildenden Künsten, deren Verdienste
er als Kenner würdigte und als Liebhaber
schätzte.

Als Arzt war er sehr beliebt. Alles schien
sich zu vereinigen, um das Glück seines Lebens zu gründen und zu erhöhen. Sein eige-
nes, des reinen Genusses so empfängliches und
so würdiges Herz, eine Gattin, die er liebte,
Kinder, die ihn zu den schönsten Hoffnungen
berechtigten, Freunde, die ihn verehrten; allgemeine Achtung in seinem Vaterlande und im
Auslande, eine glückliche Ausübung seiner
Kunst und ein unbeschränktes Vertrauen seiner Patienten. Auch übte er seine Kunst nicht,
um des Lohnes willen, sondern aus wahrer
Liebe zu ihr und den Menschen. Er war nicht
bloß der Arzt, er war der Freund der Kranken; ihre Leiden waren die Seinigen; sie konnten nicht sehnlicher wünschen, ihre Gesundheit
wieder zu erlangen, als er, sie ihnen wieder
zu geben; seine Zufriedenheit, selbst seine Gesundheit litt, wenn die Kunst zu schwach war;

der

der zerrütteten Natur wieder aufzuhelfen. Er
fuchte, die Befchaffenheit der Krankheit und
den vorherigen Gefundheitszuftand feiner Patienten ganz kennen zu lernen, che er Mittel
zur Heilung auffuchte; daher war er übermü-
det in überdachten Fragen, fand nichts unwich-
tig, was auch nur einen entfernten Einflufs auf
ihren Zuftand haben könnte. Es ift alfo nicht zu
wundern, dafs ein Mann von fo fcharfem Beur-
theilungsvermögen in der oft fo fehr fchwierigen Beftimmung des eigentlichen Grundes der
Krankheit fo glücklich war, wenn man das
Glück nennen darf, was die Folge der Beobachtung, des Nachdenkens, des Scharffinnes, der
Kunft ift.

Eine entfcheidende Probe von feiner Gabe
der Beobachtung und der Combination einzel-
ner Phänomene, der Gefchicklichkeit, aus diefen fich einen richtigen Begriff vom Ganzen zu
bilden, und der Richtigkeit des Urtheils in Beftimmung der Heilart, hat er in der kleinen,
aber fehr wichtigen Schrift über den jüng-
ften epidemifchen Katarrh gegeben, die
er im Jahre 1782 herausgab, und welche überall
mit dem Beyfall aufgenommen wurde, der ihr
gebührte.

Ueberhaupt kannten und fchätzten ihn
die gelehrten Aerzte im Auslande. Er unterhielt

hielt mit ihnen einen ausgebreiteten, freundschaftlichen Briefwechsel und verdiente ihre
Freundschaft schon durch die reine Achtung
für ihre Verdienste, die durch Verschiedenheit
in ▮▮▮ngen nicht gemindert wurde, und die
er mit freudiger Lebhaftigkeit bey jedem Anlafs laut bezeugte.

So hatte sich alles znsammen gefunden,
was ein Mann von seinem Charakter zum Glücke
des Lebens sich wünschen kann; allein eine
unglückliche Krankheit, die immer mächtiger
wurde, von Zeit zu Zeit zu weichen schien,
aber immer wiederkam, untergrub dieses Glück,
hemmte seine Thätigkeit, zerstörte seine Ge-
müthsruhe. Ob er, wie er selbst vermuthete,
die Anlage zu derselben schon mit auf die
Welt gebracht hatte, ob ihr Grund überhaupt
im Körper lag (er selbst suchte ihn zuletzt in
Verstopfungen im Unterleibe) ist schwer zu
entscheiden; in der natürlichen Stimmung seines Geistes scheint wenigstens der Grund nicht
gelegen zu haben. In wie ferne äusere Umstände zu ihrem Gange, zu ihrem Wachsthume
beygetragen haben mögen, das haben selbst
seine vertrautesten Freunde nie mit Genauigkeit
und Zuverläffigkeit bestimmen können.

Einem Geiste, wie dem seinigen, ist Lebhaftigkeit, und doch auch wieder Mäfsigkeit
und

und Gleichmuth natürlich; denn alles, was die Linie der Schönheit überschreitet, empört sein Gefühl. Das Anhalten in anstrengender Arbeit scheint einem solchen Geiste weniger leicht zu seyn, und gewifs kostete sie auch Wittwern einigen Kampf mit seiner Neigung; aber er siegte und man ward keine Ermüdung an ihm gewahr; er blieb, wenn er gesund war immer in gemäfsigter Lebhaftigkeit und in ruhiger Thätigkeit. Doch mischte sich in seinen Chärakter bisweilen eine ganz fremdartige Heftigkeit, die sich aus seiner übrigen Stimmung nicht erklären liefs, und ihm nicht natürlich zu seyn schien. Vielleicht kündigte sie sich schon in seinen frühern Jahren durch einen seltsam starken Eindruck an, den das Lächerliche auf ihn machte, und den er nicht zu verbergen im Stande war; eine Erscheinung, welche um so mehr befremdet, da er schon in jenen Jahren viele Gewalt über sich hatte, und da oft das, was ihn zum lauten und anhaltenden Lachen reizte, gewifs von ihm selbst kaum eines Lächelns werth geschätzt wurde. Uebrigens hatte diese Reizbarkeit gegen das Lächerliche durchaus nichts bösartiges bey sich und war nicht mit einer Geringschätzung der Person verbunden, die eben für ihn den Gegenstand desselben ausmachte.

In feinen akademifchen Jahren beobachteten feine Vertrauteften bisweilen einige Ungleichheit in feiner Gemüthsftimmung; er verfiel manchmal in eine Art von wehmüthiger Stille. Da er aber aus diefer bald wieder zu feiner gewöhnlichen Munterkeit aufwachte, fo wurde niemand durch diefe Bemerkung beunruhigt. Niemand dachte daran, dafs fo vorübergehende Ungleichheiten fein ganzes Leben hindurch, unter dem Genuffe der reinften und füfseften Freuden des Lebens, unter den Gefchäften des Berufs und bey der von den Jahren herbeygeführten gröfsern Feftigkeit des Charakters, fich erhalten; und noch weit weniger, dafs fie je in verderbliche Erfchütterungen ausarten könnten.

Und doch gefchah es. In dem Jahre 1782 kam es fchon dahin, dafs ihm die Gefchäfte des praktifchen Arztes, denen er fich fonft mit Freudigkeit, aus innerem Berufe, ganz gewidmet hatte, läftig und verhafst wurden. Er verfank in eine düftere Schwermuth, und feine Freunde hielten es für das glücklichfte Ereignifs, dafs er im J. 1783 von den Curatoren der Univerfität Altdorf als Profeffor der Medicin dahin verfetzt wurde. Er felbft glaubte, diefe Stelle fey feinen Neigungen ganz angemeffen, befriedige alle feine Wünfche, und trat fie mit den freudigften Hofnungen an. Seine Vorle-

fun-

fungen übertrafen jede Erwartung, seine Zuhörer waren von ihm begeistert. Aber diese
Freude war nur kurz! seine Hypochondri-
sche Schwermuth (so nennte er sie selbst
in der oben angeführten Lebensbeschreibung)
befiel ihn auf das neue; er hörte auf, für die
Akademie thätig zu seyn, und lebte erst dann
wieder auf, als er sich entschlossen hatte,
seine Stelle niederzulegen und in seine vorige
Lage zurück zu kehren.

Er fand in Nürnberg die Ruhe so wenig,
als er sie in Altdorf gefunden hatte. Sein
ganzes übriges Leben war eine stete Wande-
rung aus dem Zustand der Ruhe in düstre un-
thätige Schwermuth, aus dieser durch eine
neue Ruhe in glühende Heftigkeit, und von
dieser durch abermahlige Ruhe wieder in
schwermüthige Düsternheit und Unthätigkeit,
nur dafs die schwermüthige Periode von immer längerer, und die ruhige von immer kür-
zerer Dauer wurde.

Vergebens suchte er Hülfe in seiner
Kunst. Vergebens suchte er der Schwermuth
durch Reisen zu entfliehen. Er gewann durch
beydes nur die Verkürzung der düstern Periode; aber der Uebergang zur Heftigkeit
wurde nicht aufgehalten und der Rückfall in
Schwermuth nicht verhindert.

S. 280 im Nekrolog, gegen das Ende heißt es: „in dem Zuftand der Krankheit fey ihm felbft niemand von den Seinen mehr theuer gewefen." Nach demjenigen, was H. Prof. Vogel in feiner Denkfchrift S. 15 fagt, muſs diefs nur auf die Periode feiner heftigen und kranken Luftigkeit eingefchränkt werden. Denn in dem Zuftand der Schwermuth vermied er zwar felbft feine Freunde, und war, wenn er ihnen nicht ausweichen konnte, ftumm gegen fie; aber defto mehr und inniger genófs er die Gefellfchaft feiner Familie, und nahm dann felbft an den Spielen feiner Kleinen Antheil. Diefer Zug aber macht auch feinen Zuftand in der fchwermüthigen Periode räthfelhafter, und es ift wohl keinem feiner Vertrauteften gelungen, fich deutliche und richtige Vorftellungen von demfelben zu machen, da keiner Gelegenheit hatte, ihn anhaltend darin zu beobachten, und da er felbft fich nie darüber erklärte.

Sehr charakteriftifch ift der Umftand, daſs er, felbft in der Periode der Heftigkeit, Erinnerungen und Warnungen feiner Freunde, wenn fie auch ernft und freymüthig waren, nicht nur gelaffen, fondern auch mit gefühlter Dankbarkeit annahm, wenn es ihm gleich nicht möglich war, fie zu benutzen.

Gegen

Gegen die zweyte Hälfte des Jahrs 1792 war feine Hypochondrifche Schwermuth wieder eingetreten und er hatte gegen das Ende des Jahrs diefe fchwermüthige Periode beynahe zurück gelegt. Schon kehrte die Heiterkeit wieder in fein Herz und auf feine Stirn zurück; fchon fing er an feine Freunde gern zu fehen, auf ihre Fragen zu antworten, fich in Unterredungen einzulaffen und fie fortzufetzen. Den 24ften December (im Nekrol. S. 270 fteht fehlerhaft den 23ften) brachte er den Mittag und einen Theil des Nachmittags heiter und froh in dem Schoofe feiner Familie zu, fcherzte mit feinen Kindern über ihre Erwartungen von den Chriftgefchenken, die der morgende Tag ihnen bringen würde, und ging dann zufrieden zu feinen Büchern auf feine Studierftube. Und hier fand man ihn Abends tod. Ein Steck- und Schlagflufs hatte, wie die Oefnung des Leichnams zeigte, feinem Leben plötzlich unter dem Lefen eines Buches, das noch auf dem Tifche lag, ein Ende gemacht.

KARL

KARL PHIL. MORITZ.

(Nekrol. 1793. II, 169.)

An den Herausgeber des Nekrologs.

„Sie werden fich erinnern, lieber Sch., dafs
ich aus einer vieljährigen, genauen Verbindung mit Moritz manche Data und Winke zur
Moritzifchen Biographie im 2ten Band des vier-
ten Jahrgangs mittheilte; dafs aber die Zu-
fammentragung und Verarbeitung des Ganzen
das Werk unfers Freundes Lenz ift. Wir
ftimmten damals überein, dafs keine Darftellung eines Lebens tiefer eindringen, mehrere
Seiten ihres Gegenftandes auffaffen, und lehr-
reicher feyn könnte. Vor allem aber ent-
zückte mich, dafs jeder Rethe der fittliche Character unfers Freundes aufgedrückt ift, und
dafs man nichts lefen kann, was mehr auffor-
dert und den Entfchlufs abdringt, den Gebo-
ten der Pflicht zu folgen, nie die Würde des

Charac-

Characters aufzugeben, und nur grofsen Lebenszwecken anzuhängen. Es dauerte mich innigft, dafs, in folchem Geift die Dinge fehen und beurtheilen, nothwendig dahin führen mufste, das Kleinliche und Erbärmliche in Moritzens Handlungs- und Lebensweife hervor zu ziehen, und nach feinen tadelnswerthen Urfachen und fchädlichen Folgen herab zu würdigen. Aber die Wahrheit mufs ihr Recht behaupten, und wir müffen uns mehr gewöhnen, die fittlichen Gefichtspunkte die erften, die einzigen feyn zu laffen.

Von Kindheit an gefiel fich Moritz zu feyn, wie man nicht feyn foll; nur den Schein zu wollen, die Eitelkeit in fich herrfchend zu machen, und ihre Nichtbefriedigung einem unglücklichen Gang der Dinge, einem ihm widrigen Schickfal, nicht einer verkehrten Gemüthsftimmung, zuzufchreiben, die in Sachen Werth fetzte, welche keinen für uns haben follen. Diefe Verfchrobenheit der ganzen Denkungsart war nicht etwa ein verborgener Zug in Moritz, der ihm vielleicht felbft entgehen konnte; er hatte feiner gar kein Hehl — er kam einem mit demfelben entgegen — er glaubte durch ihn Intereffe einzuflöfsen, nicht verächtlich zu werden; er entfchlofs fich, ein ganzes Leben. fein eignes Leben, zufammen gefetzt aus Leiden und

Freu-

Freuden der Eitelkeit, der Welt zu zeigen.
Eine folche Eitelkeit kann keinen Bund mit
Vernunft eingehen, fie kann nur das Erzeug-
nifs und die Gehülfin einer in uns auf das
Kleinliche gehenden Phantafie feyn — und
hiermit ift Moritz ganzes Seyn nach allen feinen Richtungen beftimmt.

Den Blick des Beobachters hatte Moritz
für fein Inneres — aber er konnte nie darauf
kommen, es umfchaffen zu wollen, in fich
felbft die Quelle feiner Leiden und die Mängel
aufzufuchen, welche ihn von wahrer Gröfse entfernt hielten, und ihm die Achtung der Menfchen entzogen. Keiner wufste beffer, als er,
wie es in ihm zuging. Aber die Thatfachen
waren ihm nur bekannt; die Grundfätze, nach
denen er fie hätte beurtheilen follen, waren
ihm ganz fremd, und er mufste fie zuletzt,
wie er auch in Gefprächen that, wenn man fie
ihm vordemonftrirte, leugnen; denn fie hätten
feinen eignen Werth, den ganzen Moritz, in
feinen eignen Augen vernichten müffen, wenn
er fie anerkannt hätte. Diefe Grundfätze waren keine andern, als die moralifchen felbft.

Man lefe den Anton Reifer. Was er in
feine froheften Begebenheiten hineinlegt, find
nur die Raffinements der Eitelkeit, welcher
Phantafie zu Geboth fteht — und er wollte
den

Anfang feines Lebens fo erblicken und darftel-
len, wie es nur in dem Verfolg oder am Ende
eines dem Schein, dem Hafchen nach Lob
und der Selbfträufchung gewidmeten Lebens
hergehen konnte. Dafs er fo nicht viel lei-
ftete, und in die peinlichften Lagen kam, ent-
ging ihm. Er fchob die Urfachen davon auf
äufsere Begebenheiten,

Er ftellte fich felbft zur Schau und Belch-
rung dar, und wir follten nicht an feinem
Beyfpiel lernen und lehren, dafs man fich
felbft vergeffen mufs, wenn man in oder aufser
fich etwas Grofses zu Stande bringen will?
dafs die Gefallfucht, das Streben nach Lob,
nach Glanz, nach Schein, den Egoismus auf
feine Höhe bringt und das Grab von Sittlichkeit, von Würde, von Glückfeligkeit wird? Aber
auch in anderer Rückficht war es wichtig,
mit einiger Strenge des Sittenrichters und Lite-
rators Moritzens Eigenfchaften und Verdienfte
zu zergliedern. Den gewöhnlichen Gang, fich
Kenntniffe zu erwerben und auszubilden, verliefs er oft und verfolgte ihn nie ernftlich.
Er vernachläffigte das Studium der alten Sprachen; von Mathematik, Phyfik, Naturgefchichte u. f. w. wufste er nichts; Gefchichte
war ihm fremd; nur einige philofophifche
Schriften hatte er gelefen. Anftrengung konnte
er fich nie abgewinnen, und Ausdauer wider-

m 5   ftritt

ſtritt ſeinem Character. Das alles war aller
Welt bekannt — und gleichwohl hatte Moritz
geſchätzte Schriften verfaſſet, war zu literari-
ſchen Ruhm u. ſ. w. gelangt. Es kam alſo
darauf an, um dieſem Beyſpiel das Verführeri-
ſche zu nehmen, an ihm die Folgen des Un-
fleiſses, des vernachläſſigten Studiums, des
verſäumten Wiſſens u. ſ. w. auseinander zu
ſetzen.

Ich hielt es nur für möglich, dieſe Biographie von Moritz anzugreifen, wenn darzu-
thun wäre, daſs die Begebenheiten falſch erzählt, oder das, woraus die Reſultate gezogen
wurden, nicht vollſtändig angegeben wäre.
Aber nimmermehr hätte ich geglaubt, daſs
man es wagen würde, die Räſonnements un-
ſers Freundes anzutaſten. Ihre Unpartheilich-
keit wird es Ihnen zur Pflicht machen, die abweichende Anſicht eines Recenſenten in der
Oberdeutſchen allgemeinen Literatur - Zeitung
(Jahr 1796. S. 732 et ſeqq.) ihren Leſern mitzutheilen — und daher lege ich Ihnen das
Stück zum Abdruck im Auszug bey. Sie werden aber den Nekrolog und unſern Freund gern
gerechtfertigt ſehen, und daher bin ich ſo frey,
dieſe Recenſion mit Bemerkungen zu begleiten, bey denen mich nur Wahrheitsliebe leiten
ſoll, nicht Partheilichkeit für unſern Freund,
dem dieſe Biographie zur Ehre gereichen wird,
wenn

wenn er auch nicht immer Recht hat; fo wie
der Recenf. einige treffende Bemerkungen kann
angebracht haben, ohne zu einem folchen Ton
und zu folchen Befchuldigungen berechtigt
zu feyn.

„Hier wird nicht gefchont, fagt der Rec.,
nicht entfchuldiget; jede Blöfse des Mannes
wird aufgedeckt; keine Schwäche, und wäre
fie auch noch fo verzeihlich, wird verziehen;
fogar das Gute wird ins Arge gezogen. Rhä-
damanth mag dem Schatten gnädiger feyn.“

Davon find wir auf die Beweife begierig.

„Wie in dem jungen Moritz die Phantafie
zu dem grofsen Uebergewicht über die übrigen Seelenkräfte kam, wird zwar hinlänglich
gezeigt; dabey aber nicht bemerkt, dafs ein
grofser Theil feines Lebens in die Periode der
gährenden Phantafie überhaupt fällt.“,

Die Bemerkung ift fo übel nicht. Doch verdient
erwogen zu werden, dafs Moritzens Phantafie
das Uebergewicht, aber keine Gröfse erhielt;
dafs fie damals nichts Bedeutendes hervorbrachte, aber doch den Character mit verunftaltete —
von Erwerbung nützlicher Kenntniffe abführte
und zu Müffiggang und Unleidlichkeit brachte.

„Wie

„Wie viel Entfchuldigung liegt nicht fchon,
hierin allein fur manche Verirrungen des ex-
centrifchen Knaben und Jünglings? Allein
der Biograph, weit entfernt, auf dies Rückficht
zu nehmen, rügt es S. 174 bitter, dafs Moritz
in feinem 13ten Jahre von eigentl. Aufklärung
des Verftandes noch fo fern fey; dafs ihn damals die Predigt eines beredten Mannes fo fehr
in Feuer ferzen konnte, dafs er die Nähe feines Todes fürchten, und in einem Anfalle von
Lebens - Ueberdrufs fich ins Waffer ftürzen
konnte. Um das Mitleiden, das bey diefer
Stelle fich im Herzen manches Lefers unwill-
kührlich für das unglückliche Kind regen
dürfte, zu erfticken, wird fogleich die Vermuthung geäufsert, es könnte vielleicht auch
aus erkünfteltem Heroismus gefchehen feyn,
durch den er Auffehen oder Mitleiden erregen
wollte."

Was hat hierauf und auf Moritzens damalige La-
ge überhaupt wohl die Periode der gährenden
Phantafie für Einflufs haben können? Vielleicht
hätte indes auch unfer Biograph wirklich von
Moritz im 14ten Jahre noch keine eigentliche
Aufklärung des Verftandes fodern follen. Zu
Vermuthungen über Erkünfteln giebt indefs M.
durch fein eignes Erzählen aus der damaligen
Zeit Veranlaffung genug.

„Eben

„Eben fo ftrenge fällt das Urtheil über den
14 — 15 — 16jährigen Moritz, feinen Hang
zum Theater, zu Romanen und Werken der
Einbildungskraft, fein weniges Ausdauern bey
Gefchäften einerley Art, feinen Mifsmuth über
fehlgefchlagene Entwürfe u. dgl. aus.‟

Das ftrenge Urtheil ergiebt fich aus den Thatfachen felbft.

„Häfslich ift das Bild, das S. 179 u. 180
vom geiftigen und körperlichen Zuftande des
Jünglings entworfen wird.‟

Aber diefes Bild wird theils von Moritz felbft im
Anton Reifer nicht anders entworfen, theils
entworfen es alle, die Moritzen damals in H a n -
n o v e r kannten, eben fo. Man vergleiche nur,
was ein fehr achtungswürdiger Mann darüber
in der Biographie S. 258. ff. fagt.

„Die rührende Anekdote, dafs Moritz
feinen Hunger oft mit dem Teig ftillte, wor-
inn fein Vetter das Haar zu den Perücken ge-
backen hatte, wird auf eine Art hingeworfen,
die nicht Mitleiden, fondern Eckel erregt.‟

Es liegt nichts in der Erzählungsart, welches
Eckel erregen könnte. Mitleiden dürfte aber
der Erzähler nicht erwecken wollen, da Moritz
durch eignes, grofses Verfchulden fo tief fank.

„Mo-

„Morltz wird fogar S. 181. ein Gegénſtand der allgemeinen Verachtung genannt. War Moritz ein Böſewicht? Und iſt es erlaubt, Todte ſo zu miſshandeln?"

Ein Jüngling, welcher ſo lebte, muſste ein Gegenſtand allgemeiner Verachtung werden. Ob er es mit Recht war, darüber entſcheidet der Nekrolog nicht. Was ſollen alſo die Fragen: war Moritz ein Böſewicht? Um allgemeine Verachtung zu verdienen, iſt es genug, ein Taugenichts zu ſeyn. Und iſt es erlaubt, Todte ſo zu miſshandeln? Mishandelt man ſie, wenn man ihre Jugendgeſchichte ihnen treulich nacherzählt?

„Um dieſem empörenden Urtheil einen Schein von Billigkeit zu geben, wird alles zuſammengeraffit, was Moritz in den Augen des Leſers verächtlich machen kann, und mit den grellſten Farben ausgemahlt. Verſunken in einen dumpfen gedankenloſen Zuſtand liegt er ganze Tage mit den Genoſſen ſeines Elends auf dem Bette, treibt abgeſchmackte kindiſche Spiele, lieſt Romane und Schauſpiele, durch die er einzig zur Aeuſerung einiger Lebenskraft und eines ſchwachen Ideenſpiels gereizt oder gekitzelt werden kann, und nährt ſeinen ausgemergelten Körper kümmerlich u. ſ. w.

Der

„Der Recenfent verfuche einmal, diefe Lebenspe-
riode Moritzens anders darzuftellen. Der Vf.
im Nekrolog hat hier nur aus dem Anton Reifer
gefchöpft.

„Es wird fogar nicht vergeffen, dafs Moritz das gethan habe, deffen Nahmensva-
ter das 1fte Buch Mofes am 38 Kapitel und 9
Verfe nennt."

Möchte das doch nicht in fo vielen Biographien
vergeffen feyn! Ueberdem fagt der Vf. hier nur
nach, was fchon Klifchnig vor ihm gefagt
hatte.

„Moritzens Streit mit Campe wird S. 215.
wie leicht zu erachten ift, ganz zum Nach-
theile des erftern erzählt. Moritz hätte fich
gegen Klifchnig geäufsert, er habe fich bey
feinem Aufenthalte in Braunfchweig auf das
Zureden mehrerer gemeinfchaftl. Freunde mit
Campe ausgeföhnt, um nicht für unverföhn-
lich gehalten zu werden. Diefes Vorgeben
wird eine Unwahrheit genannt."

Es ift eine offenbahre Unwahrheit, da Niemand
als M. felbft auf den Gedanken der Ausföhnung
kam und ihn betrieb.

„Dabey wird die Vermuthung eines Je-
mands angeführt, die Ausföhnung fey ein
Stück

Stück aus der grofsen Komödie feines Lebens
gewefen."

Solche Vermuthungen find gegen einen Mann erlaubt, der fo viel affectirte und Comödie fpielte,
als M. Der Vf. entfchied aber nicht einmal für
diefe Vermuthung.

„Mit gleichem Rechte verfichert der Hr.
Verf., dafs auch feine Ausföhnung mit feiner
Frau von keiner Dauer gewefen feyn würde,
wenn er länger gelebt hätte."

M. war gewifs nicht auf immer in der Ehe zu
feffeln.

„S. 243. kommt folgende Anekdote vor:
Einft verliebte fich Moritz fterblich in ein Mädchen, dem er auf der Strafse begegnet war.
Er hatte keine Ruhe, bis ein Freund ihm Gelegenheit machte, mit ihr in Gefellfchaft zu
kommen. Sie fpielte eine ftumme Rolle. Ach,
wenn fie doch fpräche! fagte Moritz feinem
Freunde ins Ohr. Endlich hörte er fie fprechen. Ach, wenn fie doch nicht gefprochen
hätte! rief er jetzt aus, und damit endigte fich
diefer beginnende Roman. Diefe Anekdote
wird zum Beweife angeführt, dafs Moritzens
Herz ganz der Vafall der finnl. Eindrücke war,
die feine Einbildungskraft ausmahlte; und dafs
er ausgebildete Begriffe von Weiblichkeit und
dem

dem Glücke einer Ehe nicht hatte. Dem Rec.
scheint fie gerade das Gegentheil zu beweifen.‟

Ift es nicht gleich tadelnswerth, die ernfthafte
Idee einer Heurath auf blofses, flüchtiges Sehen
zu faffen, und wenn man Veranftaltung dazu
trift, fie aufzugeben, wenn einem das erfte Ge-
fpräch misfällt?

„Eben fo tadelt es der Hr. Verf. S. 240.,
dafs Moritz nur erft nach Mendelsfohns Tode
als fein Freund, als fein Vertheidiger, als fein
Verehrer öffentlich auftrat. Dem Rec. hingegen gefällt diefe Delicateffe, und er glaubt,
diefer Zug mache den beyden edlen Freunden
Ehre.‟

Der Vf. hatte das Verhältnifs zwifchen Mendelsfohn und Moritz zu beftimmen. Bey Mendelsfohns Lebzeiten hätte Moritz nicht wagen dürfen,
fich einen Freund deffelben öffentlich zu nennen,
und als folcher von ihm zu fprechen u. f. w.
Nach deffen Tod wollte Moritz fich damit Ge-
wicht geben.

„S. 226. rügt es der Verfaffer, dafs Moritz fich durch feine Erziehung, durch Menfchen, durch Schickfale und Verhältniffe bearbeiten liefs. Rec. wäre begierig, die Menfchen kennen zu lernen, die fich weder durch

Erziehung, noch durch Menfchen, Schickfale
und Verhältniffe bearbeiten liefsen. Noch hat
er dergleichen Wunder nicht gefehen."

Sehr wahr, in einem gewiffen Sinne. Aber fo
fehr wir auch vom Aeufsern abhängen, fo follen und können wir doch auch vom Innern auf
uns einwirken und jenen äufsern Einflufs fo mo-
dificiren, dafs Sittlichkeit und Selbftftändigkeit
nicht darunter leiden.

„Bald darauf wird Moritzens Leben mit
einer Art Drama verglichen, dem es aber an
Einheit der Handlung fehlte. Rec. befürchtet,
das Leben jedes Menfchen dürfte fo einem
Drama gleichen. Wenigftens ift er geneigt,
die Biographie eines Mannes, deffen Leben als
eine einige, aus einer Quelle und nach einem
Ziele hinlaufende Handlung dargeftellt wird,
eben deswegen fchon für einen Roman zu
halten."

Hier hat der Rec. meinen Beyfall.

„Der Hr. Vf. mufs hierüber freylich ganz
anders denken. Denn er leitet beynahe alle
Handlungen des Moritz aus der Maxime der
Eitelkeit ab. Er fcheint ganz vergeffen zu haben, wie viele Triebfedern gewöhnlich bey
einer einzigen Handlung des Menfchen in Be-
we-

wegung; wie felten Handlungen find, die aus
einer einzigen Quelle abgeleitet werden können. Auch der Böfewicht handelt oft gut; und
der Eitele ift nicht immer eitel.‘‘

Mit folchen Räfonnements läfst fich nichts Einzel-
nes, nichts beftimmt Angegebcnes widerlegen.

„Nichts ift leichter, als einen Menfchen
zu tadeln, felbft unter dem Schilde von Philo-
fophie. Man darf ja nur den Menfchen, wie
er ift, mit dem, wie er feyn follte, zufammen
ftellen. Wie klein wird da der erftere, und
wäre er in der Erfcheinung auch noch fo grofs,
auf einmal werden! Allein, nichts ift auch un-
billiger, als fo eine Zufammenftellung. Auf
der Wage der reinen Vernunft mag Gott den
Werth des Menfchen wägen. Menfchen hingegen dürfen den Menfchen nur nach empiri-
fchem Mafsftabe fchätzen. Moritz hatte früher
einen Kampf zu beftehen, den viele edle Jüng-
linge zu kämpfen haben: den Kampf mit der
ihn in den Staub hinbeugenden Armuth. Er
kam nicht ohne Wunden aus diefem Streite.
Allein, wäre er auch unter gelegen, fo würde
er noch immer auf Mitleiden Anfpruch machen können. Verachten würden wir ihn gewifs nicht.‘‘

Diefer Kampf pflegt fonft den Character zu ftär-
ken, nicht zu fchwächen, und Eitelkeit nicht
aufkommen zu laffen.

„Mo-

„Moritz lernte frühe, wie verfchieden eine Ideenwelt von der wirklichen Welt fey." (Das hat er nie gelernt.) „Und dafs die Menfchen feiner Phantafie den Menfchen in der Erfcheinung nicht gleichen."

Er nahm in feiner Phantafie nur fich felbft auf und von andern Menfchen höchftens einen Göthe und Mendelsfohn.

„Daher auf einer Seite feine Schüchternheit, feine Menfchenfcheue, fein Mifstrauen." (Gänzlich falfches Räfonnement.) „Auf der andern fein gänzliches Hingeben an jene Wenigen, die er fo fand, wie er fich fie wünfchte. Daher betete er Göthe an; und fah an Mendelsfohn einen Genius in menfchlicher Hülle. Diefe beyden Männer waren ihm perfonificirte Ideale von Tugend und Wahrheit. Mit diefen Männern verglichen, fchienen ihm die übrigen Menfchen, wenige Ausnahmen abgerechnet, nur ein *profanum vulgus.* Es war eine Ungerechtigkeit, die er an der übrigen Menfchheit begieng:

Ignofcenda quidem, fcirent fi ignofcere
Manes!

Daher liebten ihn diejenigen, die ihn näher kannten, fo fehr, und fuchten es ihm auch zu beweifen." (Er war nicht fehr geliebt.) „In Rom ward er, was auch der Verf. S. 213. dagegen

gegen anführen mag, beynahe allgemein ge-
fchätzt. Während feiner Krankheit wachten
Deutfche wechfelsweife jede Nacht an feinem
Bette."

Will in der Fremde und bey fo einem Unglücks-
fall nicht viel fagen.

„Diefe Seite von Moritzens Charakter, die
fo vielen Auffchlufs über feine Gefinnungen
und Handlungen gibt, berührt der Verf. ganz
und gar nicht. Sie hätte zu viel Stoff zur Entfchuldigung dargebothen; und das war gegen
feine Abficht. Er wollte nun einmal an Moritz alles fchlecht finden, und fah in diefer
feindfeligen Stimmung nicht einmal die Wider-
fprüche, in die er fich dadurch felbft verwik-
kelte."

Sehr harte Aeufserungen, die wohl mit bündigen
Beweifen zu belegen gewefen wären.

„Er gibt S. 226. als Grundlage von Moritzens Character Schwäche aller Vermögen
überhaupt, der Denkkraft, der Gefühlfähigkeit
und des Begehrungsvermögens an, die Einbildungskraft ausgenommen; und in der Folge
mufs er doch wider Willen feinen Scharffinn,
fein natürliches Gefühl fürs Schöne, fein Intereffe für Tugend und Wahrheit, feine Empfäng-

n 3 lich-

lichkeit für das Erhabene S. 245. 252. 266 u. à
anerkennen.‘‘

Mit einer natürlichen Schwäche der Seelenvermö-
gen kann es ja wohl hellehen, dafs die eine
oder die andere Kraft durch ausfchliefsende
oder vorzügliche Uebung derfelben fehr geftärkt
werde und zu einer bedeutenden Intenfion ge-
lange. Ueberdem war es vornehmlich die Einbildungskraft, durch welche M. fich in mehr als
Einem Fache auszeichnete; und dafs diefe bey
ihm hervorftechend war, ift ja in der Schrift
gefagt worden.

„Auf eben der Seite, auf welcher dem ver-
kannten Moritz Gefühl für Freundfchaft abgefprochen, und verfichert wird, er habe Anhänglichkeit und Liebe eines andern für fich
nicht zu fchätzen gewufst, erzählt der Verf.
mit welcher Innigkeit Moritz an Göthe und
Mendelsfohn hing, wie er fie von Jugend auf
verehrte und vergötterte.‘‘

Der Rec. würde den Vf. widerlegt haben, wenn
er den Beweis führte, dafs Moritz mit ächter
Freundfchaft Mendelsfohn und Göthe ergeben
war. Der Nekrolog fucht zu zeigen, dafs Moritz die grofsen Talente und Verdienfte diefer
Männer bewunderte, und ihren Beyfall einft zu
er-

erhafchen, als ein grofses Ziel mit feiner Einbildungskraft fich aufftellte. Hierzu war keine
perfönliche Bekanntfchaft erforderlich, und felbft
alle einftweilige Verbindung entbehrlich.

„Baron Hörwart fagte von Moritz: er fey
ein roher Diamant; wer ihn nicht kennt, geht
kalt vorüber. Wahrhaftig! der Biograph kannte diefen Diamant nicht. Rec. ift es müde, all
das Schiefe, Halbwahre und Falfche in diefer
zwar künftlichen, aber auch höchft ungerech-
ten Biographie zu rügen. Nur mufs er noch
dem Verfaffer derfelben, befonders aber dem
Herausgeber des Nekrologs, den er übrigens
wahrhaftig fchätzt, noch einmal die Frage ans
Herz legen: Ift es erlaubt, einen edlen Mann,
den Freund Göthe's, Mendelsfohns und anderer Edlen — ift es erlaubt, einen Todten fo zu
mifshandeln?

Ift es erlaubt, fo leichtfinnig in harten Worten
Befchuldigungen folcher Art zur Laft zu legen?

Eine kleine Bemerkung, die ich fehr ungern in Moritzens Leben nicht aufgenommen
fah, fey mir erlaubt, jetzt nachzutragen. Moritz konnte es gar wohl ertragen, grofse Ei-

gen-

genſchaften und Verdienſte neben und ſelbſt
über ſich zu ſehen, und ſo ſehr er auf Glanz
ausging, ſo huldigte er doch nicht ungern den
Prätenſionen anderer; das machte ſeine Eitelkeit andern ſehr unſchädlich und wenig läſtig,
und iſt ein Beweis für eine gewiſſe Gutmü-
thigkeit in ihm.

In Moritzens Leben im Nekrolog S. 201.
ward angeführt, Herz in Berlin wolle den
Gang und die Heilung einer Krankheit von
Moritz als einen Beweis drucken laſſen, wie
mit Hülfe von aufgeregten oder beſänftigten
Leidenſchaften der Arzt bey körperlichen
Uebeln oft eine Aenderung bewirken könne.
Da aus der ganzen Erzählung dieſes treflichen
Schriftſtellers nicht wenig Licht auf Moritzens
Charakter fällt, ſo ziehen wir das hieher gehö-
rige aus Hufelands medicin. Journal, B. 5.
St. 2. aus, wo Herzens Erzählung von Mo-
ritzens Krankheit unter der Rubrik: Etwas
Pſychologiſch-mediziniſches, ſich findet.

„Moritz kam im J. 1782 von ſeiner Fuſsreiſe
nach England zurück, und ſetzte ſeinen vormahli-
gen Umgang mit mir fort. Aus der Höle zu Caſt-
leton brachte er eine mit einem kurzen Huſten ver-
bundene Engbrüſtigkeit mit, die mich für ſeine Bruſt
fürchten liefs. Ich machte ihm Vorſtellungen über
Vor-

Vorstellungen, dafs er sich zu einer förmlichen Kur
entschliefsen sollte, aber er war nicht dazu zu bringen. Nicht einmal eine Aderlafs konnte ich von
ihm erhalten, ohngeachtet ich ihm die Gefahr eines hitzigen Fiebers oder Blutsturzes sehr oft vor-
— malte. War ihm aller Arzneygebrauch zuwider, so
hatte er vor dem Aderlassen eine wirkliche Furcht.
Nächst dem Gange mit offener Brust und dem kalten
Baden gehörte zu den Affektationen des damals
grassirenden Geniewesens, an welchem M. nicht wenig litt, auch der Abscheu vor dieser blutigen Ope-
ration. Man hielt sie für naturwidrig. Eines Tages
wurde ich zwischen 2 und 3 Uhr schnell nach der
Schornstrafse gerufen, wo M. hingefallen seyn und
sich im Blute wälzen sollte. Ich komme hin, und
finde ihn in der Stube eines Wundarztes, welche
ganz voll Blut war, mit einem der heftigsten Blut-
husten, einer Leiche gleich, auf Stühlen liegend.
Zur Ader war ihm schon gelassen, ich besorgte Arzneyen, veranstaltete das Wegbringen nach seiner
nicht weit entfernten Wohnung, auf die sanfteste
Art, verordnete dasselbst das Gehörige und empfahl
vorzüglich Stille und Ruhe. Den andern Morgen
eilte ich hin zu M., fand seine Thüre verschlossen,
und hörte mit Erstaunen von seinen Hausleuten,
dafs er sich geputzt, weggefahren, sich in einer
Schule als Lehrer einführen läfst, eine öffentliche
Rede hält, und des Mittags beym Rath B ü s c h i n g
zu Gaste ist. Den folgenden Tag fand ich ihn ohne
Blutauswurf, aber mit starkem Fieber und heftigem
Husten. Kaum konnte ich ihn einige Tage auf der
Stube halten. Die Zufälle liefsen auf verordnete
Mittel ein wenig nach, und M. war nicht mehr zu
treffen. Es verstrichen Wochen, ohne dafs ich M.
zu sehen bekam. Endlich ward ich zu ihm gerufen,
und fand ihn im erbärmlichsten Zustande. Bleich
und abgemattet lag er da, mit anhaltendem, festem,

beynahe erstickendem Husten, und einem kleinen
überaus schnellen Pulse, der zuweilen einen Schlag
ausfetzte. Sein Athem war höchst schwierig, feine
Nächte schlaflos, des Morgens schwamm er im
Schweifs; er war ein Schwindfüchtiger in unfehnli-
chem Grade. Der schlimmste unter feinen Zufällen
aber war die stürmische Unruhe in feiner Seele,
eine Folge feiner übertriebenen Furcht vor dem
Tode. Immer den Puls unter feinen Fingern fuhr
er auf, fo wie er das Aussenbleiben eines Schlages
verfpürte, das er für das Zeichen eines Polypen im
Herzen hielt. — Bald weinte er, wie ein Kind,
bald declamirte er in Profa und in Verfen wider
fein Schickfal, wider fein Verhängnifs, schwind-
füchtig zu feyn und sterben zu müffen. Ich fuchte
ihn durch Zureden zu tröften und entwarf meinen
Kurplan, der auch ziemlich gut einzuschlagen
schien. Nach 5 — 6 Tagen löfste sich der Husten,
und die Refpiration wurde freyer; aber bey dem
mindesten Gefühl von Erleichterung entfprang M.
gleich allen meinen strengen Verordnungen. Der
anhaltende Wirbel in feiner Seele, verbunden mit
feiner physifchen Unmäfsigkeit verdarben in einer
Stunde alles, was ich mit der behutfamsten Sorgfalt
in vielen Tagen durch meine Arzneyen vor mich
gebracht hatte. Ich konnte ficher darauf rechnen,
wenn ich ihn in der Mittagsstunde überrafchte, ihn
gerade bey den Schüffeln zu finden, die ich ihm
Tags vorher auf das nachdrücklichste verboten hatte.
Nach einigen Wochen verfchlimmerte fich fein Zustand fehr merklich. Sein Auswurf wurde eitrig
und häufig, das Fieber heftiger und anhaltender, und
das Ausfetzen des Pulfes stellte fich öfters ein. Mit
diefer Verfchlimmerung wuchs immer das Toben
in feiner Seele. All mein freundfchaftliches Zureden, all mein Verfichern, dafs feine Krankheit nicht
tödtlich fey, und er bey ruhigem Verhalten und ge-

                                                 nauer

nauer Befolgung meiner Vorfchriften binnen kurzen
hergeftellt feyn werde, war vergebens. So wie ein
Anfall von Huften kam, oder er das Wegbleiben eines Pulsfchlages bemerkte, lief er wild in der Stube
umher, fchimpfte in Hexametern auf feinen Tod,
auf die Kunft, und höhnte mich mit meinen fchmei-
chelnden Hofnungen, deren Eitelkeit er fo deutlich
fühlte. Am fchlimmften waren die Nächte, wo er,
ohne Zerftreuung, fich ganz mit fich felbft befchäftigte, nachdem er eine erträglichere oder peinliche-
re Viertelftunde hatte, fich ruhig oder tobend ver-
hielt, immer zwifchen der Hofnung, die ich, zu
dem er das gröfste Zutrauen hatte, ihm machte, und
der Furcht, die ihm fein leidender Zuftand einjagte,
hin und her gefchleudert wurde, fchlaflos fich umher wülzte, und dadurch das Fieber mächtig unterhielt, welches ich daher mit den bewährteften und
unfehlbarften Mitteln nicht herunterftimmen konnte.
So quälte mich M. Monate lang. Ich änderte Vorfchriften, wechfelte Heilmethoden, wendete bald
Drohungen bald Bitten an, alles vergebens. Das
Fieber, das feine Quelle mehr im Gemüthe, als im
Körper hatte, war nicht zu bekämpfen, und ich
fah es mit Gewifsheit in kurzer Zeit die Mafchine
aufreiben. Ich befand mich in einer der mifslich-
ften Lagen. M. war mein Freund, den ich fehr
liebte, er war mein Kranker etc. Ich fchlug ihm
oft einen andern Arzt vor, davon wollte er nichts
wiffen; ich drohte, ihn zu verlaffen, dann bat er
wehmüthig, verfprach alles und hielt das Geringfte
kaum einige Stunden. Endlich ward ich verdrüfs-
lich, mifsmuthig und entfchloffen, den Unbändigen
aufzugeben; aber der Zufall wollte es anders. Als
ich eines Tages zu M. kam, fand ich ihn fteif und
leichenartig ausgeftreckt auf dem Bette liegen. Auf
meinen Eintrittsgrufs fah er mich ftarr an, ohne ihn
durch irgend eine Miene zu erwiedern. Um fein

Bette

Bette fafs ein Befuch von drey bejahrten Männern,
feinen alten Freunden, die mich höflich bewill-
kommten, und deren Geficht Mitleid und ein nach-
denkendes Erftaunen verrieth. Seine Geberde war
mir unerklärbar; wenn ich fonft in feine Stube trat,
konnte ich nie zu Wort kommen; er war immer der
erfte, der fprach, und der lautefte. Indeffen fammelte ich mich, und ging mit einer etwas erzwun-
genen Heiterkeit auf ihn zu, nahm feine rechte
Hand in die meinige, während ich mit der linken
den ausfetzenden unregelmäfsigften und aufgebrach-
teften Puls fühlte. Moritz lag immer ganz ftille ohne
fich zu rühren. Nun, wie geht es, lieber Moritz?
die Nacht war wohl fehr unruhig? Darauf rifs er
mir die Hand weg, verzog den Mund in ein leichtes
hönifches Grinzen, und drehte fich fchnell auf die
andere Seite nach der Wand zu. Ich rüttelte ihn
ein wenig, indem ich in einem weichen fanften
Tone meine Frage wiederhohlte; umfonft, ich bekam keine Antwort. Nun entferne ich mich vom
Bette mit einem tiefen Seufzer, und fragte den
einen von den Anwefenden bey Seite, was denn
das wäre? woher diefer ungewöhnliche Starrfinn?
und ob M. in diefem ftillen Zuftande fchon lange
vor meiner Ankunft gewefen? „Er war, als wir kamen, fagte diefer, ftill und freundlich, erzählte
uns auf eine ruhige Weife, dafs er eine fehr fchlim-
me Nacht gehabt, oft wegen des Herzpochens und
Huftens habe aufftehen und herumlaufen müffen,
und erft gegen Morgen eine halbe Stunde Schlaf gewonnen habe. Nicht lange nachher fuhr er plötzlich
nach dem Pulfe. Das ift fchrecklich! rief er, nicht
Ein Schlag wie der andere, das Blut ftemmt fich gegen den grofsen Polypen, und es wird, mufs bald
vollendet feyn. Wir redeten ihm alle zu, er möchte das Pulsfühlen unterlaffen. Kein Menfch, fagte
ich, nicht der befte Arzt kann feinen eignen Zuftand

beur-

beurtheilen, wir find über unfere phyfifche Verfaf-
fung 'keine gültigere Richter, als fiber unfere moralifche; er möchte, baten wir ihn, ruhig, geduldig
und folgfam den Gang feiner Krankheit abwarten,
feinem Arzt, der zugleich fein Freund fey, fich völlig überlaffen, und an feine Verordnungen von ganzer Seele glauben. Pah! glauben, rief er mit einem bittern Lachen. Ja! ja! verfetzte einer der Anwefenden, es ift eine gar wichtige Sache, der Glaube an die Kräfte der Arzneyen, die man verfchluckt!
fein Einfluſs auf die Wiederherftellung ift erftaun-
lich. Verfichern fie mich deffen, fetzte ich fcher-
zend hinzu, nur halb fo gewifs auf die Seligkeit,
und ich melde mich morgen beym Pater Schorn-
ftein *). Ich höre fchon, fiel er ein, Sie fprechen
gerade, meine Herren, wie Herz. — Und Herz,
erwiederte ich, wie er mufs. — Nein, fchrie er,
nicht, wie er muls! Er mufs die Wahrheit fagen,
und die fagt er nicht. Schon ganzer fechs Wochen
vertröftet er mich mit dem Befferwerden von Tag zu
Tag, und ich merke nicht die mindefte Spur davon.
. Wenn ich mich fo zuweilen eine Viertelftunde er-
leichtert glaube, dann ftellt fich mir die Hofnung
zum Gefundwerden mit den lachendften Farben dar.
Herz hat doch wohl recht, denke ich, und auf der
Stelle durchlaufe ich Plane von funfzigerley Arbeiten, die ich in meinem Kopfe feit lange aufbewah-
re; aber ehe ich mich es verfehe, ift meine Beäng-
ftigung, mein Huften, mein intermittirender Puls
wieder da, ich fühle die Unmöglichkeit meiner
Fortdauer, und wüthe für Aerger über meine thö-
rigten Ausfichten, zu denen mich das glatte Hand-
werksgefchwätz verleitete. Ach, Herz weifs es fo
gut, und mufs es wohl beffer wiffen, als ich, dafs

ich

*) Ein kathol. Geiftlicher in Berlin.

ich unwiderruflich verlohren bin. Er kann keinen
Polypen des Herzens kuriren, warum fagt er mir
das nicht? warum behandelt er mich wie ein Kind,
wie einen läppifchen Weichling, für den ihm bange
ift, dafs er aus Furcht zu fterben, fterben werde?
Es ift kein Polyp, fagt er immer, aber ha! ha! fühlen Sie nur den Puls, fühlen Sie nur! — In dem
Augenblick traten Sie herein." —

    Einige Minuten Nachdenken brachten in mir
das Refultat hervor, dafs es ohnmüglich fey, dem
heftigen Fieber zu fteuern, und meinen Freund zu
retten, ohne ihn vorher aus dem zerrüttenden Zuftande zwifchen Furcht und Hofnung mit Gewalt zu
reifsen, und dafs ich ihm, da das Gefühl feiner
Krankheit und feine lebhafte, fchwärmende Phantafie allen meinen aufrichtigen Verficherungen von
Gefahrlofigkeit Trotz bieten, vielmehr von der gewiffen Gefahr zu überzeugen fuchen müffe. Ich
mufs ihn in die Feffeln der Furcht fchlagen, da er
fich an dem fanften Bande der Hofnung nicht leiten
laffen will, ich mufs durch die Verkündigung eines
gewiffen Todes eine vollkommne Refignation auf
jeden Gedanken von Wiedergenefung in ihm erregen, und indem ich feine Furcht vom Tode ab und
nur auf die Art des Todes hinleite, eine völlige
Ergebung in mich und meine kunftmäfsigen Verordnungen in ihm bewirken. — Es herrfchte einige
Minuten eine vollkommene Stille im Zimmer, während welcher ich nachdenkend da ftand. Nun machte ich Bewegungen zum Weggehen, indem ich vernehmlich leife, halb mich felbft, halb die Anwefenden fragte: Was foll ich hier machen? Ich bin hier
nichts nütze. In dem Augenblick wirft Moritz fich
plützlich aus feiner horizontalen Lage in eine quer
über das Bett fitzende Stellung, und fo wie ich ihm
nahe komme, ftreckt er den Arm mir entgegen,

und

und fragt mich mit einer Art Heftigkeit: Wollen Sie
mir denn den Puls nicht fühlen? Ich that es mit
einiger Kälte, zuckte die Achfeln, und antwortete
ihm endlich auf feine Frage: ob er bald genefen
werde; dafs er hierzu keine Hofnung mehr habe.
Bey diefer Antwort brach er in die heftigften Bewegungen aus, und man konnte jetzt mehr als jemals,
fehen, wie ungern er das Leben verlaffe. Ich er-
griff diefe Gelegenheit, und fprach weitläuftig zu
ihm über die Nichtigkeit der Gründe, aus welchen
er noch lange zu leben wünfche. Jetzt wurde er
ruhiger, und fagte gerührt: aber ich habe noch
nicht weife gelebt! So fterben Sie weife, antwortete ich; denn in diefer Lage haben Sie die befte
Gelegenheit zu zeigen, ob Sie wirklich wahre
Weisheit befitzen, oder nicht. Während diefer letzten Anrede fchlich Moritz langfam nach dem Bette,
fetzte fich nieder, fah mich aufmerkfam an, und
wiederhohlte einmahl ziemlich vernehmlich mit einer Miene von Staunen und Rührung die Worte: fo
fterben Sie weife! Nun fiel er mit dem Kopfe rück-
lings an die Wand, wurde zufehends bläfs, fchien
beklommen, und fah ftarr gegen den Balken. Sein
Zuftand ging mir durch Mark und Bein, meine Augen ftanden unter Waffer, und ich mufste alle meine Kräfte zufammen nehmen, um mich als operi-
renden Wundarzt zu denken. Und fchon fing ich an,
während der fürchterlichen Stille, die einige Minuten lang in der Stube herrfchte, in meinem Vorfatze
wankend zu werden, fchon hatte ich es auf der
Zunge, mein Todesurtheil zu widerrufen und den
Kranken nach meiner bisherigen Weife zu tröften,
als ich merkte, dafs fein Geficht fich röthete, er fich
wieder erhohlte, mit Heftigkeit und wilden Augen
fich auffetzte, und mit angeftrengter Kraft, gleich-
fam feinem kämpfenden Gemüthe zum Trotze, pa-
thetifch rief: So fterben Sie weife! Nun fafste ich

wie-

wieder Muth, und um ihn mir zu erhalten, fuhr ich gegen die Anwesenden ziemlich laut fort: Es ist sehr natürlich, meine Herren, dafs Ihnen, wie ich merke, diese Art, sein ungünstiges Urtheil unter den Augen des Leidenden so bestimmt von sich zu geben, auffällt. Allein Sie müssen bedenken, welchen Leidenden ich vor mir habe! Ich habe es mit keinem Menschen zu thun, dem der Gedanke der Trennung von einer Geliebten, des Zurücklassens unerzogener, seiner Vorsorge bedürftiger Kinder, oder der Entfernung von Eltern und Verwandten, denen seine Unterstützung unentbehrlich ist, schrecklich seyn kann. M. ist frey und unabhängig, sein Herz ist ohne alle Verkettung, es verliehrt durch seinen Tod nicht an andern, andere verliehren nichts an ihm, er lebt von Seiten des Gemüths nur sich selbst, und stirbt nur sich selbst. — Ich habe es nicht mit einem feigen Menschen zu thun, der vor dem Gedanken des Todes zurückbebt, der sich kindisch an das Leben anklammert, als wäre es ein Gut, das er ewig besitzen könne, der die flüchtigste Vorstellung vom Tode, wegen vorurtheiliger und abergläubischer Bilder, welche üble Erziehung und schwacher Verstand damit verbinden, aus seiner Seele verscheucht. M. ist ein Mann, der das Leben für das erkennt, was es ist, der während desselben über dasselbe oft und reiflich nachgedacht, vor dessen geläutertem Verstand der Tod es nicht wagt, in seinem Fratzengewand zu erscheinen, und was noch mehr, dem der Tod gar nichts unerwartetes seyn kann, da er während der ganzen Krankheit täglich mit mir von ihm sprach, ihn gewifs zu erwarten vorgab, und nur durch mein Zureden jedesmahl von dieser Vorstellung abgebracht wurde etc. Im Ganzen war ich mit dem Gange der Krankheit nicht unzufrieden. Das Hauptübel wich zwar nicht, aber ich dachte durch meine

Be-

Beharrlichkeit es endlich zu ermüden, oder wenigftens in die Länge zu ziehen, bis meine Kunft von
den erwachenden Naturkräften fich hinreichende
Unterftützung zu verfprechen hätte. Unter diefen
Umftänden wäre es eben fo hart als unklug gewefen, M. von meinem innern Zuftande jedesmahl zu
unterrichten, und ihm jeden Tag meine Hofnung
in ihrer Ebbe oder Fluth vor Augen zu ftellen etc.
Beffer alfo, dachte ich, unfer Freund habe die Mei-
nung, es fey in mir alles hell und klar, ich tau-
mele nicht den Weg hin, den ich zu feiner Heilung einfchlage, fondern mache ihn mit feften zu-
verläffigen Schritten, und meine Verordnungen
feyen die Refultate der deutlichften Erkenntnifs feiner Krankheit und der unbezweifelten Mittel, diefe
zu überwinden. Aber nun feit 8 Tagen hat alles,
eine andere Geftalt bekommen. Alle Hofnung bis
auf den fchwächften Schein ift in mir verfchwunden. Die Krankheit hat eine Wendung genommen,
aus der fie nicht heraus gebracht werden kann; fie
hat fich mir in ihrem ganzen Wefen fo offenbaret,
dafs ich mathematifch ficher bin, keine Menfchen-
macht ift vermögend, fie zu überwinden, ihre Heilung liegt aufserhalb der Grenzen der Kunft, und
ihr wahrfcheinlich fchnelles Ende erreiche fie nur
durch das Ende des Lebens, des Lebens, das ich
fo herzlich gerne erhalten haben möchte! Ich bin
nun überzeugt, dafs die Lungen felbft gänzlich in
Eiter übergegangen, und dafs im Herzen ein poly-
penartiges Gewächs fich erzeugt hat, das den oh-
nediefs fchon fchwierigen Blutumlauf bald zum völ-
ligen Stillftande bringen mufs. — Unter diefen
Umftänden meinen Freund noch hintergehen, feiner natürlichen Liebe zum Leben noch immer
fchmeicheln, während dafs er mit jeder Stunde daf-
felbe immer mehr verlöfchen fühlt, ihn immer mit
Verfprechungen laben, die zu erfüllen mir unmög-

lich

lich find, und er mit jedem Tage unwahrfcheinl-
eher finden mufs, wäre in der That blofse Geckerey.
— Mit Freuden bemerkte ich, dafs während meines
Harangirens das Wilde und Trotzige in M. Mienen
fich ganz verlohr, und eine fchlaffe Weichheit feine
Zunge und Augen einnahm, das Zeichen eines fanften Rubigwerdens des vorher flürmenden Gemüths
und des rührenden Gefühls vom innern Beyfall über
den beftandenen Kampf. Seine Augen waren voll
Waffer. Ich fuhr fort: Ich habe ihn oft im Verlauf
der Krankheit gebeten, den Rath noch eines Arztes neben dem meinigen zu vernehmen, und nie
konnte ich es von ihm erlangen. Sein Zutrauen zu
mir war ohne Grenzen. Niemand, glaubte er,
kenne feinen Körper fo gut, als ich; Niemand werde einen fo warmen Antheil an feinem Zuftande
nehmen; Niemand feine Kunftfähigkeit, wenn durch
fie etwas auszurichten ift, fo fehr anftrengen, als
ich. Nun wiederhole ich meinen Vorfchlag, lieber
Moritz! fchicken Sie nach irgend einem Künftler,
zu dem fie nächft mir das gröfste Vertrauen haben,
hören Sie, ob er meinen letzten Ausfpruch beftä-
tigt, oder — Ach Gott, nun fürchte ich diefes
Oder! mir ift bange, er wird es vielleicht nicht be-
ftätigen, wird vielleicht in den erften Zeiten nicht
fo hell und klar in Ihren Zuftand fehen, als ich ihn
kenne, oder wird vielleicht bey der beften Einficht
doch das alltägliche Handwerksfpiel von neuem beginnen, wird Sie mit entfernten dunkeln Ausfichten
tröften, mit einem bedächtigen: Man kann nicht
wiffen; man hat Beyfpiele; ich gebe den Menfchen fo leicht nicht auf; diefer Minifter, diefe
Gräfin war viel fchlimmer! und wie diefe trivialen
Formeln alle weiter heifsen. Ihr Gemüth wird zu
neuen Hofnungen geftimmt; nun wird es der Fla-
fchen und Schachteln wieder kein Ende haben, und
Sie werden nichts dabey gewinnen, als dafs Sie die

kur-

kurze Frift, welche die Natur Ihnen noch vergönnt,
in dem widrigen Zuftande des Zweifelns und
Schwankens zubringen werden, um endlich doch
das mit Achfelzucken begleitete: ja man hat mich
zu fpät gerufen! von ihm zu hören. — Nein, lieber Moritz, thun Sie es nicht; fchicken Sie nach
keinem andern Arzt, trauen Sie, (ich nahm feinen
Arm und drückte ihn fanft an meine Bruft) trauen
Sie Ihrem alten Freunde, dem Ihr Leben und Ihr
Sterben fo nahe am Herzen liegt, trauen Sie meinem Urtheile ein für allemahl, dafs Sie nicht zu
retten find, und gönnen mir die Freude, Sie mit
Ruhe und Weisheit verfcheiden zu fehen. In dem
Augenblick umfchlang mich M. mit beyden Armen,
und fing laut an zu weinen. Die Thränen floffen
ihm ftrohmweife, und nach einigen Minuten, da
das heftige Schluchzen ihn zur Rede kommen liefs,
fagte er, indem er mir die Hand ftark drückte: Ach
ich bin ganz bereit, aber Sie werden mich-doch
nicht verlaffen? —.

Auch ich konnte mich fo wenig, als die anwefenden Freunde, des heftigen Weinens enthalten. Ich Sie nun verlaffen? erwiederte ich; Gott
bewahre! Gerade nun follen Sie meine Thätigkeit
in ihrem vollften Maafse fehen, gerade nun follen
Sie meinen Beyftand recht fühlen, meinen Beyftand,
als Freund, dies verfteht fich; aber was fich vielleicht fo leicht nicht verfteht, mein Beyftand als
Arzt foll Ihnen nun erft recht werth werden.
Bey meinen bisherigen Bemühungen, Ihnen das
Leben zu erhalten, war ich in Anfehung des Er-
folgs immer zweifelhaft, und meine Wirkungsluft
daher fchwankend; jetzt will ich fuchen, Sie auf
die behaglichfte Weife vom Leben loszuwinden,
von diefer Seite ⬛ ich meines Zieles ficher, mein
Streben hat eine zuverläffigere und beftimmtere

Rich-

Richtung und Sie follen in ganzer Fülle die Süfsig-
keit empfinden, im Freunde den Arzt, und im Arzt
den Freund zu befitzen. Nur bitte ich, dafs Sie
mich nun nicht verlaffen, dafs Sie mich mit günzli-
cher Ergebenheit und aus vollen Kräften in meinem
Vorhaben unterftützen; denn ungeachtet meiner
künftigen Verordnungen wird es doch vorzüglich
auf Ihr Verhalten ankommen, ob Sie den Weg, den
Sie vor fich haben, auf eine fanfte oder rauhe Weife zurücklegen wollen. Verfprechen Sie mir die
ftrengfte Befolgung meiner medicinifchen Vorfchriften, die nicht mehr Ihre Heilung, fondern die Erleichterung Ihrer Lage zum Zwecke haben; verfprechen Sie mir, bey Ihrem Gemüthe die Refignation auf alle Genefung zu bewirken, und mit ächter
weifer Ruhe dem Ende entgegen zu fehen, und ich
hoffe, ich bin überzeugt, dafs Sie mir dann bey
unferm endlichen Abfchiednehmen nicht minder
Dank für diefen meinen Liebesdienft wiffen werden,
als Sie mir vielleicht gewufst haben würden, wenn
es mir gelungen wäre, Sie zwar aus der gegenwär-
tigen Gefahr zu reifsen, aber mit Hinterlaffung eines anhaltendfiechen Körpers Ihnen ein Leben gerettet zu haben, deffen Sie nie hätten froh werden
können; und das war doch in der That das Höchfte,
was der gröfste Grad von wahrfcheinlichem Glücke
mich hat erwarten laffen! Er: Ich verfpreche alles
aufs feyerlichfte; und ich fühle jetzt fchon das
Wohlthätige Ihrer Forderung. Ich fühle mich leichter, als während der ganzen Krankheit, ich empfinde und fehe ihn ein, den Werth, fich von der
kindifchen trivialen Anhänglichkeit ans Leben los
zu machen, und ich hoffe Ihnen die Freude zu gewähren, mich bey Einer Gelegenheit vollkommen
weife zu fehen. — Ich fah mit Entzücken, dafs er
diefes alles ohne heftige Beweg   mit einer ruhigen, nicht die mindefte Verftellung oder Affecta-

tion

tion verrathenden Miene hervorbrachte, und war
meines Zieles ficher. Ich verfchrieb nun die bisher
fo unordentlich gebrauchten Mittel von neuem unter einer veränderten Geftalt. Nun lieber M.! fagte
ich ihm, nehmen Sie diefe Arzney recht fleifsig und
con amore, halten Sie fich ruhig auf dem Bette,
und beobachten mir die vorgefchriebene Diät aufs
pünktlichfte. Vielleicht fchlafen Sie Nachmittags
eine Stunde; finden Sie fich darauf etwas erhohlt,
fo lefen Sie etwas leichtes, oder fehen allenfalls
von Ihren herumliegenden Papieren einiges durch,
aber fchaffen Sie mir ja nichts Neues, vorzüglich,
Lieber, befchwöre ich Sie, keine Verfe zu machen.
Diefe würden Ihre Einbildungskraft wieder exalti-
ren, und Ihr Blut in Wallung fetzen. Und nun leben Sie wohl. Gegen Abend fehe ich Sie. Ich
reichte ihm die Hand, und küfste ihn. Sie follen mit
mir zufrieden feyn, fagte er! und fo verliefs ich ihn,
indem ich feine Freunde bat, mich zu begleiten.
Unterwegs machte ich diefen mein Verfahren, das
ihnen fo auffallend war, begreiflich, und fie verfpra-
chen mir bey ihrer Liebe zu M., mich nicht zu verrathen, und ihn bey ihren Befuchen in der Meynung des gewiffen Todes zu beftärken. Gegen
Abend war ich da. M. lag auf dem Bette, empfing
mich mit einem freundlichen Lächeln, und fein Geficht zeigte eine triumphirende Selbftgenügfamkeit
wegen feiner Ruhe. Er hatte einen zweyftündigen
fehr füfsen Schlaf genoffen; war in einer gelinden
Ausdünftung, und hatte einen etwas fchnellen, aber
weichen und krampfreyen Puls, auch behauptete
er, deffen Ausfetzen feit einer Stunde nicht gefpürt
zu haben. Er erzählte mir, wie fleifsig er eingenommen, und wie mäfsig er gegeffen habe. Er
fühlte fich zu fchwach, um an feine Papiere zu denken, auch hatte er alles Intereffe an den Bettel verlohren. Es ift auch recht gut, fagte er; diefs Zeug ver-

verleitet nur zu neuen Attachements, und ich habe,
Dank fey es Ihnen, nur ein einziges: an dem grofsen Detachement. Wir unterhielten uns eine Stunde lang von den gleichgültigſten Dingen, und ich
fagte gute Nacht. Zu meinem Erſtaunen fand ich
den andern Morgen meinen Kranken verändert. Er
hatte 4 Stunden feſt und ununterbrochen gefchlafen,
fein Puls hatte wenig Fieberhaftes und fein Auswurf ging äufserſt leicht. Er fah fo heiter aus, dafs
mir bange wurde für die Erneuerung feiner Hofnung
und Neigung zum Leben. Um diefer zuvorzukom-
men, ſtimmte ich nicht ohne vielen Zwang meine
Miene zur Traurigkeit und Niedergefchlagenheit
herunter, und fuchte den düſteren Ton unter uns
zu erhalten. Nachdem ich ihn, feinen Puls in meiner Hand, einige Minuten mit einem ſtarren nhd
mitleidigen Blicke angefehen hatte, fetzte ich mich
ihm zu Kopfe und hohlte einen tiefen Seufzer. Wie
iſt es, fagte er, Sie find mifsmuthig, wohl meines
Zuſtandes wegen? Ich: Pah! auch bin ich felbſt
fehr übel. Mein Kopf quält mich heut entfetzlich.
Ach hätte er mir in meinem Leben nur den zehnten
Theil der Freude gewührt, als er mir Leiden verurfacht hat, welch ein Kerl wäre ich der Welt gewefen! Er: Sie werden doch an diefen Leiden nicht
ſterben? Ich: Ha ein fchöner Troſt! wir fprechen
uns, lieber Moritz! Wer weifs, wie bald ich Sie
einhohle! M. hob den Kopf feitwärts in die Höhe,
und fah mich mit tröſtenden Augen eine Weile geduldig an. Ich: Nun genug. Sie fühlen fich wohl
fchwach? Er: Sehr. Ich: Aber doch frey von
Schmerzen? Er: Vollkommen. Ich: So iſt es recht.
Es geht alles gut. Sie verſtehen mich fchon, lieber
Moritz. Er: Aber wunderbar iſt es doch, dafs das
Ausfetzen des Pulfes fo ganz aufhört? Ich: Eine
Folge der übergrofsen Schwäche. Er: Und der Auswurf fo leicht und der Athem fo viel freyer. Ich: Iſt

Ihnen

Ihnen das nicht lieb? halte ich nicht mein Verfprechen? Fahren Sie nur fort mit Ihren Arzneyen und
überlaſſen das Uebrige mir. Ich ſehe Sie heute
noch, wenn es mir mein Kopf erlaubt. Ich kam
noch ſpät des Abends hin, fand ihn feſt ſchlafend,
mit wenigerm Fieber und ziemlich freyem Athem.
Den folgenden Morgen verkündigte mir ſein Anſehen und alle Symptomen den wirklich mit ſtarken
Schritten Geneſenden. Er fühlte ſich nach einem
ruhigen Schlaf minder ſchwach, und ſein Puls war
faſt ohne Fieber. Seine Heiterkeit fing in der That
an, mich wegen eines Rückfalles der Hofnung, die
ich jetzt noch für zu früh hielt, zu ängſtigen. Ich
ſprach daher wenig, that ſehr beſorgt und beſuchte
ihn dieſen Tag viel öfterer, als ſonſt. Alle zwey
Stunden war ich bey ihm, fühlte den Puls und empfahl, ohne mich lange aufzuhalten, Ruhe, Diät
und Arzneymittel ſehr ernſtlich. Und ſo hatte ich
noch verſchiedene Tage mich mit äuſerſter Mühe
durchzuwinden, um M. Gemüth in der Stimmung
zu erhalten, in welche ich es verſetzt hatte. Aber
endlich ging es nicht länger. Seine Beſſerung
ſchritt ſo ſchnell, und ſein Gefühl davon war ſo
ſicht, dafs ich ohne verdächtig zu werden, meine
Rolle nicht länger fortſetzen konnte. Ich gab ſie
auf, aber allmählig. Als ich den achten Tag nach
dem verkündeten Todesurtheil zu ihm kam, fand
ich ihn in Beinkleidern und Schlafrock, friſirt, die
Feder in der Hand am Tiſche ſitzen. Was machen
Sie? fragte ich, Sie haben ſich ja geputzt? Er: Ja,
ich befinde mich leicht und wohl, ich habe die ganze Nacht nicht gehuſtet. Hören Sie, lieber H.! ich
halte es für möglich, dafs ich nicht ſterbe. Ich: Je
nun, wir wollen ſehen. Dieſes: Je nun, wir
wollen ſehen, wiederhohlte ich täglich, aber
immer mit einem Tone, der täglich mehr Zuver-
läſſigkeit in dieſes Wollen ſehen ſetzte, bis es

end-

endlich fo klang, als wir fehen wirklich. Ich liefs
nun M. Hofnung wachfen, feine alte Liebe zum
Leben war wieder in ihrer gröfsten Stärke da, feine medicinifche Folgfamkeit nahm allmählig ab,
und ich konnte nicht mehr mit Eifer auf diefelbe
dringen. Noch acht Tage fpäter fand ich ihn bey
meinem Befuche nach feiner Art fehr geputzt im
gravitätifchen Schritten die Stube auf- und abge-
hen; fein Anfehen wohl, Fieber und Huften waren
verfchwunden, feine Kräfte hergeftellt, er gehörte
nicht mehr unter die Kathegorie von Kranken. In
einem Anfalle von Entzücken fiel er auf mich zu,
und zerdrückte mich faft für Zärtlichkeit. Nun,
fagte er, bin ich nicht weife geftorben? — Ich:
Spafsen Sie nicht mit der Weisheit, am wenigften
mit der des Sterbens. Zweifeln Sie daran, dafs
Sie jenem weifen Tod von einigen Tagen Ihr Leben
zu verdanken haben? — Er: Ich bin feit geftern
davon überzeugt. Mein Freund der Hofpoftfecretair
hat mir die Augen über Ihren verfchlagenen Plan
geöffnet. — Ich: Ich mache Ihnen nun einen minder verfchlagenen, der Ihnen gewifs nicht minder
gut bekommen wird. Nehmen Sie nun den hypothe-
tifchen Anfatz von Jahren von Ihrem erften Geburts-
tage wieder weg, ftellen diefe wieder in ihre Stelle
vor Ihnen in die Zukunft und leben weife. —
Er: Diefs ift mein fefter Vorfatz. — Ich: Nun leben Sie wohl. — Er: (Mir auf der Treppe nachru-
fend) Vergeffen Sie auch ja nicht, dafs Sie nun
der Eile nicht bedürfen, mich einzuhohlen. — Und
fo fchieden wir von einander. Unfer Freundfchafts-
verhältnifs war wieder das ehemalige. Nach kurzer
Zeit war von der Krankheit unter uns nicht mehr
die Rede, und alles, was in der Erinnerung davon
zurückblieb war das: fo fterben Sie weife!
womit M mich gewöhnlich grüfste, wenn er mir
auf der Strafse begegnete. Mein Schöndank war

dann

dann immer: fo leben Sie weife! das er nachher, ohne feinen Vorgrufs mit verfchiedenem Nach-
druck und in verfchiedenen Tönen zu hören oft Gelegenheit hatte. Es gab Umftände, unter welchen
ich ihn bald warnend: fo leben Sie weife! bald
verwundernd: So leben Sie weife, zurufen mufste.
Er ftarb wegen feines nicht weifen. Lebens zu
früh: fonft wäre vielleicht doch wohl noch einmahl die Zeit gekommen, wo man ihm hätte bey-
fallend fagen können: So leben Sie weife.«

Ein Arzt, den wir über diefes ingeniöfe
Verfahren des Prof. Herz zu befragen Gelegenheit hatten, wollte in diefer Krankenge-
fchichte für die Arzneywiffenfchaft nicht fo viel
Wichtiges und Neues finden, als fie uns Aufklärung über Moritz zu geben fchien. Er
fagte: das eigentliche Bruftübel, woran Moritz litt, fey gar nicht beftimmt, die Arzneymittel, welche M. genommen habe, wären gar
nicht angezeigt worden. So bedenklich, als
es nach einigen angeführten Symptomen fcheinen könne, müffe die Krankheit nicht gewefen feyn, weil fonft Herz nicht fo gewifs hätte die Heilung erwarten können, da bey chro-
nifchen Bruftübeln die Kunft gar wenig auszurichten vermöge. Ueberdies habe das aus-
gefprochene Todesurtheil nur ein Hindernifs
der Heilung gehoben, fie nicht felbft bewirkt,
für die Hulfsmittel nur empfänglich gemacht
u. f. w. Die Situation, in der Moritz war,
fey gar nicht fo felten; denn wie oft fühle der

Kran-

Kranke sich in Gefahr, während der Arzt entweder die Krankheit nicht fürchtet, oder seinen Mitteln gegen sie alles zutraut. Daſs dieses Schwanken des Gemüthes sich bey M. so
nachtheilig bewies, sey ihm unerklärlich —
und er sey geneigt, die Erklärung anzunehmen, M., der nur ein Phantasiemensch war,
habe einen ‚besondern Reiz‗ darinn gefunden,
von dem Arzt förmlich aufgegeben zu seyn,
seinen frühen unvermeidlichen Tod selbst be-
mitleiden und von der Vorbereitung sprechen
au können, weise zu sterben, ein Gedanke, der, wie aus allem erhellt, ihn sehr frap-
pirt habe. Dieser Reiz habe die Todesgefahr
selbst in Schatten gestellt. — Was unser skepti-
scher Arzt noch über die Unwahrscheinlichkeit
äufserte, daſs ganz so gesprochen worden sey,
als der beredte Dialog Herzens ausfagt, über
den Miſsbrauch, welchen Aerzte mit Erregung
und Erkünstelung von Leidenschaften auf Ver-
anlaſſung einer so grofsen Autorität treiben
könnten u. s. w. gehört nicht hieher.

Der Herausgeber an die
Leser.

In diesem Supplementbande finden sich nun,
wie man sieht, diejenigen Biographien, die ich
　　　　　　　　　　　　　　　　　nicht

nicht gleich in den Jahren des Nekrologs liefern konnte, in welche fie eigentlich gehörten;
und dann das, was mir als Zufatz oder Berichtigung fchon gelieferter Biographien zugekom-
men war, oder was ich fonft beyfügen konnte,
Der Vorrath zu beyden Abtheilungen häufte
fich während des Drucks noch über mein Erwarten, und da die Anlage des Supplements
nun einmahl nur auf einen einzigen Band gemacht war, fo ift diefer ftärker geworden als
ich wünfchte. Das ift nun die Urfache, warum ich einige Biographien wichtiger Männer,
z. B. des Dichters S c h u b a r t, des Bifchofs
der Br. Gem. S p a n g e n b e r g, u. a., die
gleichfalls in dem Zeitraum jener v i e r Jahre
geftorben find, in diefem Supplementbande
nicht liefere, fondern mir vorbehalte, diefe
Schuld in den Nachträgen der folgenden Jahre,
oder auch in den Supplementbänden zu denfelben, abzutragen. — In dem hier folgenden
Regifter über die erften a c h t Bände des Nekrologs (1790.—93) und über den Supplementband findet man nun bey jedem Nahmen die
Nachweifung theils der Biographie, theils jeder Berichtigung oder jedes Zufatzes zu der
Lebensbefchreibung felbft. — In der erften
Anlage des Nekrologs hatte ich den Gedanken,
möglichft vollftändig in Anführung aller
S c h r i f t ft e l l e r zu feyn, felbft, wenn ich
auch nur eine kurze Anzeige ihres Geburts-
                                    und

und Todesjahres und ihrer Schriften geben
könnte, und in diesem Sinn find daher die kurzen Anzeigen des Nekrol. 1790. B. II. gefammelt. Diefe Idee mufste fich ändern, als
durch die neue Einrichtung der Nachträge zum
Meufel, noch mehr aber durch Rötgers
blos diefem Zwecke gewidmeten Nekrol. f. Fr.
Deutfch. Lit. und durch den Leipz. Lit. An-
zeiger, dem Bedürfnifs, das ich vor Augen
hatte, vollkommen abgeholfen ward. Ich
konnte indefs die Nahmen derer, die in den
erften Bänden des Nekr. nun einmahl ganz
kurz angeführt worden find, im allgemeinen
Regifter nicht übergehen; man findet fie alfo
auch darinn. Um indefs gleich zu erkennen
zu geben, dafs von ihnen keine Biographie,
fondern blos eine *Kurze Anzeige* im Nekrolog zu finden fey, find im Regifter folchen
Nahmen jedesmahl die Buchftaben K. A. beygefügt worden.

Mit Dank gegen fo viele meiner Lefer, die
mein Beftreben, ein nützliches vaterländifches
Inftitut immer mehr zu verbeffern, durch ihre
gütige Nachficht und Unterftützung aufmun-
tern, übergebe ich Ihnen nun auch diefen
Band, der nebft den acht erften Bänden Ein
Ganzes ausmacht. Gotha, im Jun. 1798.

F. Schlichtegroll.

Inhalt

des Supplementbandes.

Erfte Abtheilung,

ganze rückftändige Biographien enthaltend.

	Pag.		Pag.
Fixlmillner	I	Tröltfch	266
Winkler	19	Pifanski	278
Stuve	34	Karfchin	287
Büfching	58	Bode	350
Michaelis	146	Schelhorn	418
Sillig	198	G.v.d.Schulenburg	421
Wekhrlin	250	Chriftiani	435

Zweyte Abtheilung.

Nachträge und Berichtigungen enthaltend.

	Pag.		Pag.
Bafedow	I	Göze	145
Jani	16	Mozart	159
Koppe	18	Reifenftein	162
Bahrdt	22	Hafenclever	165
Efchftruth	127	Wittwer	169
Schaeffer	135	Moritz	182
Hahn	144	Nachfchrift.	218
Graf Brühl	144		

Re-

Regiſter

über die Jahre 1790 bis 1793 des Nekrologs

nebſt dem Supplementband.

(Die römiſche Ziffer weiſst auf den erſten oder zweyten Band des genannten Jahres; die gemeine Zahl auf die Seite.)

A.

Ahlwardt, Prof. zu Greifswald. 1791. 1, 367.
Amalie, Prinzeſſin v. A. Deſſau. 1793. ll, 354. K. A.
Andreae, Apotheker zu Hannover, 1793. I, 164.

B.

Bahrdt (D. C. Friedr.) zu Halle, 1792. l, 119. Suppl. B. ll, Abth 22.
Baſedow in Magdeburg, 1790. ll, 114. — Suppl. B. ll, Abth. 3.
Graefin *Baſſewitz* in Mecklenburg. 1790. l, 141.
v. *Berger*, K. Dän. Leibarzt. 1791. II, 317. K. A.
Blum, der Dichter, in Rathenau, 1790. II, 198. — 1791. ll, 380.
Bode, H. Darmſtädt. Geh. Rath, zu Weimar. 1793. ll, 360. — Suppl. B. I Abth. 350.

Böhm

———

Böhm (*Andr.*) Prof. in Giefsen. 1790. II, 338.
K. A.

Bökh, Diakonus zu Nördlingen. 1792. I, 352.

v. *Börie*, Oefterreich. Reichstagsgefandte zu
Regensburg. 1793. I, 304.

v. *Born*, Hofrath zu Wien. 1761. II, 219.

Brandis, Prof. zu Göttingen. 1760. II, 1.

Broen, Gerichtsverwandter zu Danzig. 1791.
II, 201. K. A.

Gr. v. Brühl, Staroft von Warfchau. 1793. II,
24 u. 423. — Suppl. B. II Abth. 144.

Bruns, Hofmedic. zu Hannover. 1792. II, 229.
K. A.

Büfching, OConf. R. u. Direct. des vereinigten
Gymn. zu Berlin. 1793. II, 360. — Suppl.
B. I Abth. 58.

Burmefter, Kaufmann in Liefland, 1791. II, 325.

C.

Caefar, Chorherr zu Vorau und Pfarrer zu
Friedberg. 1792. II. 221.

Chappuceau, Abt zu Loccum. 1791. II. 351.

Chriftiani, Etatsrath u. Prof. zu Kiel. Suppl. B.
I Abth. 435.

Carl Eugen. Herzog zu Wirtemberg. 1793. II,
354. K. A.

Clavel, Turn u. Tax. Oberamtmann zu Scheer.
1793. I, 32.

Coing, Prof. zu Marburg. 1792. II, 235.

Cor-

Corrodi, Prof. zu Zürich. 1795. I, 283.

Crollius, Hofr. u. Prof. zu Zweybrücken. 1790.
I, 223.

Crugot, Hofprediger zu Carolath. 1790. II, 245.

D.

Daries, K. Preufs. Geh. Rath u. Prof. zu Frankf.
a. d. O. 1791. II, 335. — 1792. II, 279.

Dathe, Prof. zu Leipzig. 1791. I, 175.

Delius, Geh. Hofr. u. Prof. zu Erlangen. 1791.
I, 305.

Döderlein, geh. Kirch. Rath u. Prof. zu Jena.
1792 II, 98.

Döring, Rathsherr u. Kämmerer zu Danzig.
1792. II, 198. K. A.

Dötzner, Rector in Uckermünde. 1790. I, 234.
K. A.

Domeier, Bürgermeifter zu Moringen im Hannöv. 1790. I, 109.

Dominici, Prediger in Schlefien. 1792. II, 318.

E.

Eichhorn, Paftor zu Danzig. 1790. II, 341. K. A.

Elifabeth, Prinzeffin v. Wirremberg. 1790. I, 150.

Elliot, Lord Heathfield. 1790 II, 25.

Entzendorfer, Ex efuit, Prof. zu Breslau. 1790.
II. 335. K. A.

v. Efchftruth, Hefs. Reg. Rath zu Caffel. 1792.
I, 103. — Suppl. B. II Abth. 127.

F.

F.

Fabel, Superintend. zu Saalfeld. 1791. II, 336.

v. Fabrice, (Fräul. Charl.) zu Celle. 1793. II, 360. K. A.

Faefi, Pfarrer in der Schweiz. 1790. II, 334. K. A.

Ferber, K. Preufs. Oberbergrath. 1790. I, 256.

Ferdinand, Prinz v. Braunfchweig. 1792. II, 231.

Fixlmüllaer, Benedictiner u. Aftronom zu Kremsmünfter. Suppl. B. I Abth. 1.

v. Florencourt, H. Braunfchweig. Cammerrath. 1790. II, 337. K. A.

Frob. Forfter, Reichsfürft u. Abt zu St. Emmeram zu Regensburg. 1791. I, 221.

v. Frank, in Offenbach. 1791. II, 355. K. A.

Franklin, (Benjamin) 1790. I, 262.

Fritz, Sachf. Coburg. Geh. Reg. Rath. 1793. II, 294.

G.

Garve's Mutter. 1792. II, 211.

Gärtner, Hofr. uud Prof. zu Braunfchw. 1791. I, 29.

v. Gemmingen, Wirtemb. Reg. Präfid. 1791. II, 131. — 1792. II, 358.

Gerbert, (Martin) Fürft-Abt zu St. Blafien im Schwarzwalde. 1793. II, 1.

Gericke, Archidiak. in Hamburg. 1790. II, 335. K. A.

Gercken, K. Preußs. Juftizrath zu Worms. 1791.
11, 333. K. A.
Gefsner, (Johannes) Prof. zu Zürich. 1790. I,
351.
Göze, Pred. zu Quedlinburg. 1793. I, 182. —
Suppl. B. 11 Abth. 145.
Gries, K. Dän. Etatsrath u. Bürgermeifter zu
Altona. 1790. 1I, 344. K A.
Gruner, Geh. Rath zu Coburg. 1790. 11, 18.
Günther, Fürft v. Schwarzburg - Rudolftadt,
1790. 11, 225.

H.

Hühn, Generalfup. in Oftfriesländ. 1790. 1I,
333. K. A. — Suppl. B. 11 Abth. 144.
Hahn, Pfarrer im Wirtembergifchen, Mathe-
matiker. 1790. I, 335.
v. Hartmann, Churpfälz. Reg. Rath zu Burg-
haufen. 1791. I, 163.
Hafenclever, Kaufmann in Schlefien. 1793. 1I,
116. — Suppl. B. 11 Abth. 165.
v. Heinecken, Churfächf. Geh. Cammerrath.
1791. I, 294. — 11, 381.
Heinicke, Sam., Director des Taubftummen-
Inftitut. zu Leipzig 1790. I, 313.
Heinze, Direct. des Gymnaf. zu Weimar. 1790.
11, 341. K. A.
Hell, Aftronom. u. Prof. zu Wien. 1792. I, 282.

Hem-

Hemmer, geiſtl. Rath in Mannheim. 1790. II, 336. K. A.

Hermann, Oberhofpred. zu Dresden. 1791. I, 238.

Heſſe, Paſtor zu Bleicherode im Hohnſteiniſch. 1793. II, 340.

Hirſchfeld, K. Dän. Juſt. Rath u. Prof. zu Kiel 1792. I, 39.

Hiller, Prof. zu Wittenberg. 1790. II, 363.

Hink, Pred. im Brem. 1790. II, 340. K. A.

Hofacker, Prof. zu Tübingen. 1793. II, 66.

Hoſſer, Prof. zu Altdorf. 1792. II, 261. K. A.

Hofmann, Geh. Rath und Conſ. Präſ. zu Coburg. 1792. II, 37.

v. Hontheim, Churtrier. Weihbiſchof. 1790 II; 340. — 1791. II, 359.

v. Horix, Kaiſ. Hofr. zu Wien, 1792. II, 245.

Howard, (John) 1790. I, 90.

Hummel, (Bernh. Fr.) Rector der Schule zu Altdorf. 1791. I, 184.

Hummel, (Marc. Conr) Pred. und Prof. zu Ulm, 1792 II, 215.

Huter, geiſtl. Rath in Straubingen. 1790. I, 261. K. A.

J.

Jacobi, Generalſup. und CRath zu Celle im Hannöv 1791. I, 204

Jani, Rect des Gymnaſ zu Eisleben. 1790. II, 269. — Suppl. B. II Abth. 16,

Jac-

Jaeger, Ingen. Hauptm. zu Frankfurt 1790. II, 340. K. A.

Jochims, K. Dän. Konf. Rath u. Paſtor zu Mel: dorf. 1790. II, 347. K. A.

Joſeph, Römiſcher Kaiſer. 1790. I, 154.

Iſenflamm, Hofr. und Prof. zu Erlangen. 1793. I, 268.

Jugler, Rath und Prof. zu Lüneburg. 1791. I, 1.

Junkheim, Generalſup. zu Anſpach. 1790. II, 175.

K.

Karſchin, (An. Luiſe) Dichterin zu Berlin. 1791. II, 351. — Suppl. B. 1 Abth. 287.

Kaumeyr, Pred. zu Worms. 1792. II, 197. K. A.

v. Keller, Mainz. Staatsrath. 1790. II, 339. K. A.

v. Kerens, Biſchof zu Pölten. 1792. I, 19.

Klaus, Hoſpitalit zu Halberſtadt. 1793. I, 121.

Knittel, Generalſup. zu Wolfenbüttel. 1792. II, 13. — 1793. II, 410.

Köppen, Rect. des Lyc. zu Hannover. 1791. II, 159.

Koppe, Conf. Rath und Hofpred. zu Hannov. 1791. I, 101. — Suppl. B. II Abth. 18.

Krahe, Hofkammerrath u. Director der Mahlerakad. zu Düſſeldorf. 1790. I, 205.

Krannichfeld, Diak. zu Langenſalza, 1791. II, 314.

Krauſe, Prof. zu Leipzig. 1793. II, 321.

v. Kreitt-

v. Kreittmayr, Churpfälz. Staatsminifter. 1790.
  II, 344. K. A.

v. Kreſſenſtein, Kaiſ. Rath etc. zu Nürnberg.
  1791. I, 321.

v. Kruſt, Kaiſ. Hofr. zu Wien. 1793. I, 374.

Kühn, Rector der Schule zu Sorau. 1793. II, 243.

Kuh (Moſes) in Breslau. 1790. II, 351.

L.

Gr. Lamberg, (Maximil.) 1792. II, 229. K. A.

Lampe, Pfarrer im Hanauiſch. 1790. II, 341.
  K. A.

Lange, Probſt zu Altona. 1791. I, 51.

Lauhn, Churſächſ. Hofrath und Amtmann zu
  Tennſtädt. 1792. II, 139.

Lenz, (Jac. Mich. Reinhold) aus Riga. 1792.
  II, 218. K. A.

Lenz, (Joh. Jac.) Pred. im Halberſtädt. 1790.
  I, 200.

Leopold II, Römiſcher Kaiſer, 1792. II, 1.

Lenſchner, Rector zu Breslau. 1792. II, 275.

v. Loudon, (Gideon) Oeſtr. Feldmarſchall. 1790.
  II, 66.

Ludwig IX. Landgraf v. Heſſen - Darmſtadt.
  1790. I, 235.

M.

Mack, Pred. im Anſpachiſch. 1791. II, 347.

Mako, Direct. der philoſ. Facult. zu Peſt. 1792.
  I, 365.

Mal-

Mallet, Prof. in Genf. 1790. I, 110.

v. Meggenhofen, Oeftreich. Schulcommiffär
zu Ried. 1790. II, 279. — 1791. II, 380.

Meier, Bauer im Hannöver. 1790. I, 146.

Meinecke, Pred. im Mannsf. 1790. II, 338. K. A.

Merk, Kriegsrath zu Darmftadt. 1791. II, 332.
K. A.

Merz, Exjefuit. 1792. II, 262. K. A.

Michaelis, Geh. Juftitzrath und Prof. zu Göttingen. 1791. II, 336. — Suppl. B. I Abth.
146.

Mirus, Gefandfch. Secret. zu Regensburg, 1790.
II, 335. K. A.

Mörl, Pred. und Prof. zu Nürnberg. 1791. II,
316. — 1792. II, 351.

Moldenhawer, Paftor zu Hamburg. 1790. I, 246.

Moritz, Hofr. und Prof. zu Berlin. 1793. II,
169. — Suppl. B. II Abth. 182.

Morus, Prof. zu Leipzig. 1792 I, 304.

Mofche, Senior und Paftor zu Frankfurt a. M.
1791. I, 82

Mozart. 1791. II, 82. — Suppl. B. II Abth. 159.

Münter, Pred. zu Koppenhagen. 1793. I, 322.

Murray, Hofr. und Prof. zu Göttingen. 1791.
II, 329. — 1792 II, 323.

Mylius, Hofrath zu Sondershaufen. 1792. I, 1.

N.

Nettelbladt, K. Preufs. Geh. Rath und Prof. zu
Halle. 1791. II, 178.

O.

O.

v. *Oeder*, Stiftsamtmann zu Oldenburg. 1791.
II, 306.

Oelrichs, Doct. der Philof. zu Göttingen. 1791,
I, 284.

Oertel, Rector des Gymn. zu Neuftadt a. d.
Aifch. 1790. I, 374.

Oetter, Anfpach. Conf. Rath und Pfarrer. 1792,
I, 51.

Overkamp, Prof. zu Greifswald. 1790. II, 339.
K. A.

P.

v. *Paczensky*, Gutsherr in Schlefien. 1792. I, 60.

Pauli, Landrath und Bürgermeifter zu Stettin.
1791. II, 334. K. A.

Pfannenfchmidt, Rathsherr zu Speyer. 1790. II,
239.

Pfeiffer, Prof. u. Conf. Rath zu Marburg. 1791.
II, 353. K. A.

Pfenninger, Prediger zu Zürich. 1792. II, 153.

Pfranger, Hofpred zu Meiningen. 1790. II, 45.

Piderit, Pred. zu Caffel. 1791. II, 335. K. A.

Pifanski, Rector des Gymnaf. in Königsberg.
1790. II, 343. — Suppl. B. 1 Abth. 278.

Ploucquet, Prof. zu Tübingen. 1790. II, 249.

Pollet, Major in Schwed. Dienften. 1793. II, 324.

v. *Prank*, Oberfter unter den Salzburg. Trup-
pen. 1793. II, 315.

Prat-

Pratje, Conf. R. u. Generalſup. zu Stade. 1791.
l, 13.

R.

Randel, Kriegsrath zu Berlin. 1793. l, 302. K. A.
Reichard, Rector zu Magdeburg. 1791. ll, 349.
Reichel, Direct. des Gymnaſ. zu Altenburg.
1793. ll, 366.
v. Reichell, zu Breslau. 1790. ll, 343. K A.
Reifenſtein, Ruſs. und Gothaiſch. Hofrath und
Agent zu Rom. 1793. l, 1. — Suppl. B.
ll Abth. 162.
Reinhardt, Pred. zu Magdeburg. 1790. l, 201.
Reiz, Prof. zu Leipzig. 1790. l, 127.
Remond, Próf. zu Marburg. 1793. ll, 270.
Reyger, Bürgermeiſt. zu Danzig. 1793. l, 299.
Richerz, Superint. zu Giffhorn. 1791. l, 264.
Richter, (C G) Prof. zu Leipzig 1792. l, 194.
Richter, (F. W.) Generalſuperint. zu Braun-
ſchw. 1791. l, 339.
Richter, (J. G.) Schullehrer zu Vockenſtädt
bey Wernigerode. 1791. ll, 352. K A.
Rösler, Rector zu Stuttgard. 1790. ll, 348. K. A.
Roſalino, Büchercenſor zu Wien. 1793. ll, 288.
Roſi, Rector zu Bautzen 1790. l, 78.
Rudolph, Hofr. u. Prof. zu Erlangen. 1792. ll,
230.

S.

Sartorius, Rect. d. Gymn. zu Erlang. 1790. ll, 262.

Schäf-

Schäffer, (Jac. Chftn.) Paft. und Superint. zu
Regensburg. 1790. I, 65.

Schäffer, (Marr. Friedr.) Ober. Conf. Rath u.
Reg. Secr. zu Breslau. 1791. II, 3C3. —
Suppl. B. II Abth. 135.

Schäler, Pred. bey Magdeburg. 1790. II, 334. K.A.

Scharf, Paftor zu Leipzig. 1791. II, 312.

Schelhorn, Hofpital-Amtmann zu Memmingen,
Suppl. B. 1 Abth. 418.

Scheuchler, Churf. geh. Finanzrath zu Dresden.
1791. II, 353. — 1792. II, 311.

Schinz, Pred. in der Schweiz. 1790. II, 333. K. A.

Schlegel, (Joh. Adolph.) Conf. R. u. Hofpred.
zu Hannov. 1793 I, 71.

Schlegel, (Joh. Rud.) Rect. des Gymnaf. zu
Heilbron. 1790. I, 188.

Schlichtkrull, Prof. zu Greifswald. 1793. II, 299.

Schmid, Prof. u. Pred. zu Stuttgard. 1793. I, 227.

Schmidel, Geh. Hofr. und Leibarzt zu Anfpach.
1793 II, 389.

Schmidt, (J. Pet.) Mecklenb. Schwerin. Staats-
minift. 1790. II, 346. K. A.

Schneider (J. W.) Pred. im Weimarifch. 1790. II,
347. K. A.

Schneller, Braunfchw. Ingenieur - Officier. 1790.
II, 346. K A.

Schott, Prof. zu Leipzig. 1793. II, 371.

Schröder, Prof. zu Marburg. 1793. II, 298.

Schubart, der Dichter, 1791. II, 351. — Suppl.
B. II Abth. 219.

Schubert, Arzt in Altenb. 1791. II, 329.

Gräf.

Gräfin v. d. Schulenburg, (Sophie Charlotte)
zu Wolfsburg. — Suppl. B. 1 Abth. 421.

Schulze, (Benj. Will. Dan.) Prof. am Joachimsth.
zu Berlin. 1790. I, 220.

Schultze, (Joh. Dominic.) Arzt zu Hamburg.
1790. II, 12.

Schultze, (Will. Heinr.) Conf. R. und Hofdiak.
zu Weimar. 1790. I, 213.

Schwandner, k. k. Hofr. u. Bibliothek. z. Wien.
1791. II, 344.

Schwarz, (G. Chph.) Prof. zu Altdorf. 1792.
II, 238.

Gräfin v. Seilern, Sternkreuzordens-Dame. 1791.
I, 138.

Sellig, Pred. im Braunfchw. 1790. II, 339. K. A.

Semler, Prof. zu Halle. 1791. II, 1.

Silberfchlag, (Georg Chph) Generalfuperint.
zu Stendal. 1790. II, 58.

Silberfchlag, (Joh. Elias) Ob. Conf. R. u. Pred.
zu Berlin. 1791. II, 192.

Sillig, Diakon. zu Döbbeln in Churfachfen. —
Suppl. B. 1 Abth. 198.

Sneedorf, Prof. zu Koppenhagen. 1792. II, 228.

Sophie Charl., Prinz. v. Hildburghaufen. 1790.
II, 331. K. A.

Spangenberg, Bifchof d. Brüdergemeinde. 1792.
243. K. A. — Suppl. B. II Abth. 219.

v. Sperges, Kaif. Hofr. zu Wien. 1791. II, 113.

Stalil, Hofr. u. Prof. zu Stuttgardt. 1790. I, 112.

Steinmetz, Waldeck. Generalfup. zu Arolfen.
1791. II, 249.   *Straufs,*

Straufs, Prof. am Athenäum zu Danzig. 1790.
. . . II, 6L.
Struenfee, Generalfup. zu Rendsburg. 1791. II, 331.
Stuve, Prof. zu Braunfchweig. — Suppl. B.
I Abth. 34.

T.

Thefchedick, (Therefe) in Ungarn. 1791. I, 153.
Traphage, Schullehrer zu Herford. 1793. II, 352.
a. *Tröltfch*, Rathsconful etc. zu Augsburg.
. Suppl. B. 1 Abth. 266.

U.

Uhl, Prof. zu Frankfurt a, d. O. 1790. II, 348.
K. A.
Unfelt. Pred. in Güttland bey Danzig. 1790.
. . . I, 316.
Unterwood, in London. 1790. II, 337. K. A.

V.

Valerius, Abt zu Kloft. Banz. 1792. II, 218. —
1793 II, 363.
Volkmann, Senator zu Hamburg. 1792. II, 52.

W.

Weckbrlin, Verf. der Chronologen etc. 1792.
II, 263. — Suppl. B. 1 Abth. 250.

We-

Wegolin, Prof. zu Berlin. 1791. II, 277.

Wegener, Synd. zu Braunſchweig. 1790. II, 346. K. A.

Weidmann, (Mar. Luiſe) zu Leipzig. 1793. II, 359. K. A.

Welker, Geh. Archivar zu Gotha. 1792. I, 256.

Wenzel, Oberhüttenaſſ. zu Freyberg. 1793. II, 291. K. A.

Wepler, Prof. zu Marburg. 1792. II, 263.

Wernsdorf, Hofr. u. Prof. zu Helmſtädt. 1793. I, 245.

Weſtphal, Geh. Juſt. Rath und Prof. zu Halle, 1792. I, 80.

v. Weſtphalen, Braunſchw. Landdroſt. 1792. II, 244. K. A.

Wichmann, Superint. zu Grimma. 1790. II, 336.

v. Winkler, (C. Gottfr.) Prof. zu Leipzig. 1790. I, 312.

Winkler, (Herrm. Erich) Superint. zu Lüneburg. — Suppl. B. I Abth. 19.

Winkler, (Mich.) Schullehrer in Schleſien, 1790. II, 331. K. A.

Wittwer, Arzt zu Nürnberg. 1792. I, 270. — Suppl. B. II Abth. 169.

Wolf, Capellmeiſter zu Weimar. 1792. II, 265.

Z.

Z.

v. Zedlitz, Staatsminiſter zu Berlin. 1793. II, 301. K. A.

Zeitzer, Pred. im Sächſiſchen. 1790. II, 334. K. A.

Corrigenda.

1791. II. - In dem vordern Inhaltsverzeichniſſe dieſes Bandes, gleich auf der 8ten Seite iſt *Schramm* 380 wegzuſtreichen.

1792. II. Im alphabetiſchen Regiſter, iſt bey Döring II, zu leſen: 198 ſtatt 119. und bey Efchſtruth lies: 103. — Auf derſelben Seite iſt nach Weſtphalen zu ſuppliren: Wittwer, I, 270.

Im Supplementbande, II Abth., p. 65, ſind durch ein Verſehen die Abſätze wirklich ſo als Abſätze abgedruckt worden, wie ſie jener empfindſame und überſpannte Recenſent in der Heidesheimer Zeitung hatte abdrucken laſſen; ſtatt, daſs auf dem vorhergehenden Bogen Seite 64 der Corrector zur

zur Erſparung des Raums die Abſätze nur
mit Querſtrichen angedeutet hatte.

Noch im Suppl. B., II Abth., iſt die auf 125
folgende Pagina, die jetzt durch ein Verſehen 124 heiſst, in 126 zu verwandeln;
und auf derſelben Seite ſoll der Cuſtos
nicht *Den*, ſondern H. A. heiſsen.